破缠而出

破解缠论体系，实现操盘盈利

雲 奎◎著

中国经济出版社
CHINA ECONOMIC PUBLISHING HOUSE
·北 京·

图书在版编目（CIP）数据

破缠而出／雲奎著. --北京：中国经济出版社，2023.3（2025.9重印）

ISBN 978-7-5136-6945-0

Ⅰ.①破… Ⅱ.①雲… Ⅲ.①股票交易-基本知识 Ⅳ.①F830.91

中国版本图书馆CIP数据核字（2022）第093224号

责任编辑　孙晓霞
责任印制　李　伟
封面设计　任燕飞设计工作室

出版发行　中国经济出版社
印 刷 者　河北宝昌佳彩印刷有限公司
经 销 者　各地新华书店
开　　本　710mm×1000mm　1/16
印　　张　11.75
字　　数　200千字
版　　次　2023年3月第1版
印　　次　2025年9月第3次
定　　价　58.00元
广告经营许可证　京西工商广字第8179号

中国经济出版社　**网址** www.economyph.com　**社址** 北京市东城区安定门外大街58号　**邮编** 100011

推荐序

preface

标新不立异，大道可从蹊

在交易圈里，我与不少交易高手有过交流，对他们的交易方法也略有了解。有内力深厚的基本面派高手，他们在自己长期关注的商品或股票上，抓住供需关系极端失衡后的重大机会，乘借大势所趋的力量，获得了令人瞩目的成就。

另有一支数理量化派，他们利用现代的数据处理技术，运用人工智能方法，借助期货、期权等金融衍生工具，基于市场中性策略思想构建对冲套利模型进行分析与投资，取得了长期稳定的收益曲线。

还有一些技术分析派的高手，他们在多年的交易实战中，凭借自己的勤奋、悟性和勇气摸索出与自身相匹配的盈利模式，在市场上努力拼搏，最终也得到了惊人的高回报。

在技术分析中有一门年轻而新奇的理论，它就是缠论。听说自缠论出现十多年来，真正读懂缠论的人凤毛麟角，有人戏称“十人学缠论，九人成缠废”，造成这种尴尬局面的原因，可在雲奎的《破缠而出》一书中找到答案。一是因为缠论原文的表达方式晦涩难懂，给阅读者造成了巨大障碍。二是因为缠论的视角不同于传统技术分析理论。

传统技术分析多是从市场之形“象”着眼的。交易者结合自身的看盘经验，归纳出有概率胜算的盈利模式。缠论却另辟蹊径，从市场之“数”中入手，借助数学工具形成演绎性的市场完全分类技术，在三种走势类型的演化交替中设计出三类买卖点。

从本书篇章标题上，看得出作者下了不少功夫。本书在内容结构上，先对缠论的解盘体系作出简洁而完整的串讲，接着对缠论技法背后的逻辑思想进行深入剖析，让读者知其然又知其所以然，这将有助于广大缠论爱好者活学活用缠论。

“缠论左手是数学，右手是哲学，中间是交易经验。”作者在介绍了缠论数学化的解盘体系与深邃的哲学思想后，结合十多年的实战经验，向读者推荐了三大交易定式，对每种定式的设计思想、适用范围及风险点，都作了清晰的交代。

统观《破缠而出》一书，我们能感受到雲奎先生在传达“以股悟道”的精神。这种交易之诗外的功夫，也是我身边的交易高手们经常谈起的，他们到了某个阶段似乎会不约而同地走向修行与信仰的层次。正是这个层次的东西才是高手们的独家秘籍，起决定性作用的真不是交易的技巧。

标新不立异，大道可从蹊径入。本书完整而深刻地揭示出缠论是如何从“数”之门进入市场的，又是如何与其他理论同归大道的。不但串讲了缠论的技法，而且深挖了缠论的思想根源，还注重术道合一的实战定式，希望本书能对广大投资者提升交易水平有帮助。

2022年5月

沈　良

目录

CONTENTS

中篇　洞察思想

下篇　术道合一

00　缠论如灯，高悬林中

迷了歌

老汉今年五十八，自恃聪明有文化，看到缠论人人夸，开始学那炒股一零八。

左翻翻，右看看，晚上学缠理，白天干实盘，账户亏了半边天。

前思思，后想想，原来这缠论，东说西说，正说反说，竟然前言后语对着干。

越学越迷糊，越迷越去钻，千辛万苦把书看，一晃三五年。

绞尽脑汁没出缠，有人说我不适合干，是你自己天分浅，可别赖缠师没指点。

唉，都怪上天不疼咱，咋生个榆木疙瘩，还不挂榆钱儿。

缠非缠，禅非禅，缠来缠去一团乱，自从一入缠门后，谁见枯木龙吟照大千。

要是人人都适合自学缠论，我绝不会用秦腔嘶吼着《迷了歌》去笑侃它。缠论的自学门槛竟然如此之高，这让广大股民感到很吃惊，难道学这门炒股理论非得要高学历吗？

缠论左手是数学，右手是哲学，中间是交易经验。不懂数学的人学不会，不懂哲学的人学不通，没有交易经验的人学不活。

目前学习缠论的通行文本是“缠中说禅：教你炒股票108”系列博文，博文中的核心章节引入了数学语言工具，早已习惯了把炒股当作艺术的人，突然面对数学精确化的公理、原理、定理及定义，感觉别扭极了。这像让一位画了一辈子山水大写意的老师傅，立即改学花鸟工笔画。

学习缠论至少有三重障碍。首先是文字阅读障碍，由数学语言堆砌成的厚城墙把缠论的要义围得密不透风，让广大数学知识不足的股民难窥其妙。

少数理工男历尽艰辛爬进墙内，正想得意一番，一抬头就撞上了第二重哲学思想障碍。缠论的哲学思想壁立千仞，让平时欠缺哲思的人只能眼巴巴地围着转。

第三重障碍是交易经验的匮乏。博客正文配图极少，如果读者没有丰富的看图经验，就难以将博主所谈的义理对应到图表上。博主起初也无意开创一门新理论，以博客日志的形式随兴所至，信手拈来，行文自由有杂乱之感，更让读者一时摸不着头脑。

三大障碍之外，学习者若对缠论的态度不端正，盲目崇拜缠论或者武断轻视缠论，都得不到缠论的精髓。狂热而自轻的缠粉会觉得博主高深莫测，将博主之言奉为圭臬，或死在言下，或缠缚在数学的天罗地网里脱身不得。

骄傲自大者看不惯博主的说话姿态，听不得博主的玩笑之言，在情感上排斥缠论，甚至走向攻击缠论之路，随便翻几页便以为缠论不过如此嘛。

我既不是狂热的缠迷，又在缠论中获得了巨大的启发，我对缠论有以下几点基本的认识：

一、缠论是从“数”的角度观察市场的

市场到底是什么？取决于观察者的角度。

比如，形态分析者从行情的 k 线图表着眼，看到的市场犹如奔腾咆哮的江河洪流，恣意妄为的集体欲望，翻滚流放在曲曲折折的涨跌里。

又如，在数理量化派眼里，市场是一股纯粹的数字流，财富就潜藏在数字流激缓跳动的节奏里，只要能构建一个吻合市场节奏的交易模型，就能找到一把开启财富宝藏的秘钥。

市场象、数、理“三位一体”。绝大多数的股民，没有系统的数学知识背景，初入市场便始于肉眼直观，完全凭着感觉、经验买卖股票，从形

“象”之门进入市场，通过看图说话契入市场之理。缠论和一些数理派则是从“数”之门进入市场，通过挖掘数据中的规律契入市场之理。

但缠论与纯粹的数理派又不完全相同，后者推开市场“数”之门看到的是数据，处理的是数据，结果还是数据。缠论的眼界并不局限在数字流上，而是先引入数学工具对数字流进行一系列处理，又对应到肉眼可见的图表走势上，缠论的视角始于“数”，起于形，终于理。

二、缠论特别重视当下

当下，可不能肤浅地指向连接过去与未来的当前一段时间。缠论的当下在时间线的单一维度上升华了，它吸纳了价量维度，筑建一个当下虚拟空间，成为观察三种走势轮流表演的一个当下观景台、一个交易者的战场。

一旦固定了操作级别，就建成了当下观景台。多级别联立后的观景台，如同横跨江流的多层望江楼，不管市场行情的水流深浅、势之激缓，交易者都要在当下观景台上稳坐不动，彻底摆脱行情走势的诱惑牵制，既不需要留恋过去的走势，也不需要猜测未来的行情。

品茶淡看大大小小的走势轮番表演，前曲唱罢后曲成，旧势离开新势来。在洞察新旧走势此上彼下的交替变化中，只需辨识出昙花一现的三类买卖点，并敢于凌厉出击，一击而中利润成，持仓深藏功与名。

缠论复杂的解盘技法、精妙的买卖点设计和深邃的思想逻辑，都是在当下展开的，当下是缠论的一切。

三、缠论三类买卖点逃不出概率胜算

这一点博主可能不会公开承认，后来一些缠论的推广者一听有人讲缠论也在概率游戏之中，气得直骂对方是缠论门外汉。

到底是谁在玩概率游戏呢？缠论认为依据自己预测观点进行买卖的股民，是典型的概率游戏玩家。缠论对执着于个人喜好的股民一律斜眼相视。

缠论交易的依据格调甚高，早已脱离自我幻妄而成的预测观点，直接以市场完全分类后的当下走势事实为依据，这和玩概率游戏者有清晰的界线。

虽然缠论买卖的依据不是从概率角度出发，但按三类买卖点交易的结果并非是绝对安全的，其有效性仍逃不出概率胜算。

我敢下此定论，原因有三：一是缠论原文自己就说风险是无处不在的。

原文说风险是不患的，任何妄求在投资中的绝对无风险，都是痴心妄想。“但必须指出的是，并不是说这两个买点一定没有风险，其风险在于：对于第一个买点，把中继判断为转折，把背驰判断错了；对于第二个买点，把转折判断成中继。”［J12］①

二是在多年的交易里，面对着最新价右侧的暗黑区域，从来没有觉得有哪一笔交易将来一定会获利，也没有发现有哪个交易高手曾这样说过。倒是有几个喜欢吹牛的人，说过他们的持仓一定会盈利。即使喜欢吹牛又经常把自己灌醉的人，也不敢说他的交易记录达到了100%的正确率。

三是缠论的思想源头是佛学。佛学恰恰反对上帝式的绝对性思维，如果坚执地认为有100%绝对安全的买点，漠视三类买卖点可能遭遇的不确定性风险，会与缠论自身的思想逻辑相矛盾。

缠论对最新价左侧的静态走势，当然能毫不费力地分门别类。但最新价右边的行情尚未落定，谁也不知道市场下一张发什么牌，缠论和其他技术分析理论一样都要面临着未来不确定性的风险。

为什么缠论突然话锋一转，竟然说三类买卖点是100%绝对安全的呢？要化解原文前后说法的对立性，须从单次和多次结果上分别去谈。单次交易的盈亏结果不确定，但若坚持按三类买卖点去操作，重复千百次的总结果却能达到稳定盈利，即三类买卖点定式中蕴含着稳定盈利能力。所以缠论三类买卖点的有效性，依然逃不出概率胜算。

四、缠论仍属于技术分析派

尽管缠论一再强调本ID理论的独一无二，但缠论仍属于技术分析中的

---

① ［J12］表示引文出自“教你炒股票第12课”，后面类同。

一种。凭什么可以得此判断呢？

一是缠论虽然指出技术分析、比价关系和基本面三个独立系统的结合，才是缠论真正的味道，但比价关系和基本面一笔带过，大量的篇幅在谈技术分析细节。

二是缠论从“数”之门进入市场，虽说观察角度和分析过程是数学化的，但处理的结果并没脱离行情走势图，这和其他技术分析理论是一致的。

三是技术分析的三大假设，缠论一个都没有少。

1. **技术分析的第一大假设是：市场行为包容消化一切。**

缠论说：“本 ID 的理论是对价格充分有效市场与非完全绝对趋同交易的一个完全的数学公理化理论。”其中的“价格充分有效市场”即是“市场行为包容消化一切”的另一种表述。

2. **技术分析的第二大假设是：市场以趋势方式演变。**

缠论走势分解定理断言“任何级别的任何走势，都可以分解成同级别‘盘整’‘下跌’与‘上涨’三种走势类型的连接”。可见，技术分析的“市场以趋势方式演变”的第二大前提假设，被缠论上升到定理的高度。

3. **技术分析的第三大假设是：历史会重演。**

缠论以极其拗口的话表达了同一个意思。即“走势的不可重复性和自同构性结构的绝对复制性以及理论的纯逻辑推导，这就构成本 ID 理论视角的三个基本客观支点，不深刻地明白这一点，是很难有真正的理解的”。

这“走势的不可重复性和自同构性结构的绝对复制性”，与技术分析第三大假设“历史会重演”如出一辙。要是在“历史会重演”后顺手加上“但不会完全重复”几个字，意思就完全一致了。

所以，缠论的前置条件仍在技术分析的三大假设之内，缠论并没有超出技术分析的范畴。

五、缠论是一盏明灯

技术分析者一出脚就踏入未来不确定的暗夜，急需一盏理论的明灯指引。交易者迫切想知道马上仰仗的交易决策理论，能否正面回答三个焦点问题：一是市场行情该如何解读？二是进出场点该如何设定？三是资金管理是怎么安排的？

要是一门技术分析理论不能清晰一致地解答上面三个问题，它就不胜任作为交易者的指路之灯。

缠论随口就能对这三个问题给出明确答复。首先，缠论引入数学工具，对市场数字流进行完全分类，完整又高效地解读了市场行情。

其次，用动力学原理及背驰设计出著名的第一类买点，在行情的演化中又设计出二买和三买，还有对付中枢震荡的价差操作。

最后，原文用了不少笔墨强调了资金管理的重要性，并提醒股民要注重修心养性。所以，缠论有足够的资格成为指引广大股民交易的一盏明灯。

在缠论之前，有道氏理论、波浪理论、江恩理论及各种技术分析指标，前辈们发现的任何一门理论都可以照见市场和人心。在缠论出现后，其他的技术分析理论并没有消失，而是继续被广泛使用，形成“千灯照暗室，光光不相碍”的局面。缠论如灯，高悬在理论之林中。

我对缠论的梳理解读以《破缠而出》为书名，分为上篇、中篇和下篇，共20讲内容。

上篇，对缠论解盘体系作出完整介绍，以懒人路线图为参照，层层深入，让读者“看得懂”市场。

中篇，对缠论的思想根源深入挖掘，梳理出缠论体系的三大逻辑纲要，让读者“想得通”缠论。

下篇，再谈缠论术与道的实践，包括三大交易定式及其案例的分享，让读者“用得好”缠论。

《破缠而出》的定位，是希望梳理出一版人人都看得懂的缠论，把缠论最精华的东西呈现出来。本书采用演讲式的语言风格，既不固守缠论的原文，又不偏离缠论的原始旨趣，偏重其整体的解读，淡化其局部的纠缠。

受限于个人视角偏向及理解深度，本书不可能涵盖缠论原文所有的内容。为了贯通缠论内在的思想逻辑，本书在技法上加入了少许与原文不同的细节处理，相信并不违背缠论的核心精神。

缠论博大精深，缠师人奇理深境界高，非后学可及。本书的言辞及观点若有不妥，恳请读者们指正。

雲　奎

2022 年 7 月 1 日

上　篇

解构体系

01　包含处理，排列如梯

缠论的分析解盘像极了演算数学题，各步骤是一环套一环的逻辑链条，任一环节的缺口漏洞，都可能会分裂成实战时的鸿沟。

本书上篇“解构体系”的内容安排，参照了学缠的懒人路线图：分型—笔—线段—最小级别中枢—各级别中枢及走势类型。更严格地说，缠论解盘的第一起点是从处理市场数字流开始的。

本讲重点1：缠论从“数”之门进入市场

市场为交易者预留了两扇门，一是“数”之门，二是“形”之门。

当我们打开交易软件观察盘口时，一个个价格跳动点会持续不断地涌现。瞬间跳出的分笔成交价携带着成交量仓记录，川流不息。从“数”的角度来看，市场不就是一股相续的数字流吗？

图1－1展示了市场的数字之门。对数字天生敏感者和数理功底深厚者，更适合从市场“数”之门推门而入，扑面而来的就是一股炽热的欲望数字流。不难感受出行情数字跳动的急与缓、多空合力的重与轻。

× 600519 贵州茅台　分时成交明细

时间	价格	成交			时间	价格	成交			时间	价格	成交			时间	价格	成交		
11:29	1874.00	2	S	2	13:01	1874.98	12	B	6	13:02	1877.00	1	S	1	13:04	1874.13	4	S	6
11:29	1875.94	1	B	1	13:01	1874.02	1	S	1	13:02	1875.50	5	S	4	13:04	1874.13	0	S	1
11:29	1876.58	2	B	2	13:01	1874.02	16	S	12	13:02	1877.00	4	B	4	13:04	1874.99	2	B	3
13:00	1874.59	17	S	13	13:01	1877.00	5	B	5	13:02	1877.00	1	B	1	13:04	1875.00	1	B	2
13:00	1877.98	23	B	19	13:01	1874.00	4	S	4	13:03	1877.49	3	B	2	13:05	1874.12	2	B	1
13:00	1877.98	3	B	3	13:01	1876.80	2	B	2	13:03	1875.80	2	S	2	13:05	1875.00	3	B	4
13:00	1876.59	8	S	6	13:01	1874.00	4	S	4	13:03	1875.70	1	S	1	13:05	1875.00	1	B	2
13:00	1874.98	22	S	16	13:01	1876.80	1	B	1	13:03	1875.58	6	S	4	13:05	1875.00	2	B	2
13:00	1874.98	13	B	9	13:01	1875.00	3	S	2	13:03	1875.59	5	B	5	13:05	1877.23	2	B	2
13:00	1874.98	2	B	2	13:01	1876.80	4	B	4	13:03	1875.58	1	B	1	13:05	1874.96	2	S	4
13:00	1874.03	6	S	6	13:01	1876.80	3	B	2	13:03	1875.60	2	B	2	13:05	1875.01	2	B	3
13:00	1874.02	4	S	4	13:01	1875.01	3	S	2	13:03	1875.59	4	B	4	13:05	1877.23	5	B	4
13:00	1874.97	3	B	3	13:01	1876.80	6	B	5	13:03	1875.00	4	S	2	13:05	1875.00	1	S	1
13:00	1874.03	3	S	3	13:01	1876.80	5	B	5	13:03	1875.30	1	B	1	13:05	1874.07	1	S	1
13:00	1874.98	3	S	3	13:01	1877.00	4	B	4	13:03	1874.11	7	S	5	13:05	1874.07	2	S	1
13:00	1874.98	5	B	5	13:01	1877.18	2	S	2	13:04	1875.00	9	B	7	13:05	1874.07	1	S	1
13:00	1874.00	13	S	9	13:01	1877.18	2	S	1	13:04	1875.00	2	B	2	13:05	1874.07	3	B	3
13:00	1873.98	10	S	7	13:02	1876.09	2	S	2	13:04	1874.00	6	S	4	13:05	1874.07	2	B	2
13:00	1873.75	4	S	5	13:02	1876.09	3	B	3	13:04	1873.35	6	S	4	13:06	1874.07	1	B	1
13:00	1873.52	3	S	3	13:02	1875.50	4	S	3	13:04	1874.00	8	B	5	13:06	1873.64	1	S	1
13:00	1873.20	1	S	1	13:02	1876.09	2	B	2	13:04	1877.40	15	B	8	13:06	1874.07	2	B	2
13:01	1873.50	10	B	7	13:02	1877.00	1	B	1	13:04	1875.00	7	S	7	13:06	1873.64	3	S	3
13:01	1873.50	4	B	4	13:02	1876.09	2	S	2	13:04	1874.13	6	S	7	13:06	1874.07	1	B	1
13:01	1873.50	1	B	1	13:02	1876.09	3	S	3	13:04	1874.99	1	B	1	13:06	1873.00	15	S	14

图1－1　市场是一股炽热的数字流

但分笔成交实在太微细了，极少数天赋异禀的短线高手只有见缝插针，或针对盘口跳动特征设计的高频策略，靠电脑去执行，才能在微变中游刃有余。因此，只有把多笔成交数据打包处理后，才适合更广大的股民去操作。

绝大多数人并不习惯从“数”的角度看市场，更喜欢观察肉眼可见的走势图。通常地，人们已习惯用单位时间内的 4 价 2 量，描绘出 1 根 k 线图信息。4 价 2 量包括开盘价、收盘价、最高价、最低价和成交量，期货还有持仓量数据。

图 1 –2 所示的是 1 分钟的 k 线图表。任何一根 k 线都是由开盘价、收盘价、最高价和最低价等 4 价绘制而成的。

图 1 –2　市场是一幅曲折的形态走势图

同样地，可以绘制出 5 分钟图、30 分钟图，继续把时间单位渐次拉宽，60 分钟、日、周、月、季、年等周期的 k 线图表统统可以绘制完成。时间的跨度越来越大，显微镜的倍数越来越低，单根 k 线高低点间的价差也越来越大。

大大小小各周期的 k 线图既已绘成，市场形态之门旋即一一洞开，无数的股民各循己门鱼贯而入。映入众人眼帘的形态走势，随着时间消逝又新生，多空两大阵营奔腾不息的炽热欲望彻底暴露无遗。

学习缠论第一要务是立即切换视角，和缠师一起从“数”的角度看市场。如果固守“形”的视角而不愿意移步换景，必看不到缠师眼中的“数”之美。

为什么缠论又称为“市场哲学的数学原理”？因为缠师从“数”之门进入市场后，旨在建立一个完全数学公理化的理论体系。

缠论在价格充分有效市场与非完全绝对趋同交易的公理之上，以走势的不可重复性、自同构性结构的绝对复制性以及理论的纯逻辑推导，作为三个基本的客观支点，衍生出一系列的定理、原理和概念等，虽然博客原文排序凌乱，但缠论内在的逻辑体系极其缜密。

建立在纯数学推理上的缠论，毫不费力地能对市场走势进行最精确的分类，小至一个个价格跳动点，大到最高级别的三种走势类型，都逃不出数学公理化的完全分类空间，还会被一一贴上形态学的标签分层置放。

幸好以实战性为第一原则的学缠者，既不需要揪着高深的数学工具不放，又不必死记硬背众多晦涩的定理、原理和概念。只要能搞明白懒人路线图中的分型、笔、线段、中枢及走势类型，就可以淡化缠论的数理处理过程，重新把目光聚焦在数学工具处理后的形态走势上，继续以自己最熟悉的方式感受市场的节奏韵律。

现有两点需要反思：一是，缠论利用数学工具处理静态数字流毫不费力，但处理最新价右侧尚未到来的数字流却无能为力，所以，缠论可不是用来预测市场的。有人竟然把缠论玩成了预测术，这就把缠论搞废了。

二是，追问至市场哲学观，请问，缠论数学化的公理体系到底适不适合用在股票市场上？因为人与价格同生共灭的股票市场，属于高级的心灵层次，市场不同于自然科学的研究对象，也不是纯数学领域。所以，要避免对缠论的过分依赖，以扩展出更宏大的交易视野。

本讲重点 2：相邻两根 k 线四种位置关系

现在正式开始跟踪懒人路线图对市场数字流的处理过程。

人们已经把任意周期的 k 线图绘制完毕，我们随便打开某个周期的图表，在谈及懒人路线图中的分型和笔之前，必须先对原始的 k 线图表进行预处理。处理的重点有二：一是对前后相邻 2 根 k 线的位置关系完全分类，二是对具有包含关系的2根k线合并处理。

某个周期的k线图表摆在面前，通过肉眼观察可归纳出相邻2根k线的位置关系有四种。如果有人反问：只有四种关系吗？还真不能轻率地答是说否。因为即便局部观察1000次，谁又能排除第1001次出现例外，万一存在第五种位置关系呢？

一旦引入数学的排列组合工具，被问者的境遇就豁然不同。经过排列组合计算后，可得出前后2根k线的位置关系只有四种，数学逻辑上保证不存在第五种可能。所以，缠论的数学化处理过程自带着无与伦比的精确性。

市场完全分类思想是缠论贯穿始终的灵魂，融入在各步骤的解盘技法里。判断相邻2根k线的位置关系，首次落实市场完全分类的思想，正式开启了缠论的“数”学视角。

前后2根k线之间的排列，要么具有包含关系，要么不具有包含关系。

2根k线具有包含关系，是指前后相邻2根k线，其中一根k线的高低点在另一根k线的高低点之内。具有包含关系的2根k线，可分为后包前和前包后两种情况，k线的阴阳红绿及实体大小不予考虑。

不具有包含关系的相邻2根k线，可分为向上排列和向下排列两种情况。如果后一根k线的高点比前一根k线的高点高，且后一根k线的低点也比前一根k线的低点高，则称这2根k线是向上排列的。

如果后一根k线的高点比前一根k线的高点低，且后一根k线的低点也比前一根k线的低点低，则称这2根k线是向下排列的。

图1－3中1处和2处不具有包含关系。1处2根k线是向下排列的，2处2根k线是向上排列的，则后一根k线延续了前一根k线的同向扩张。而3处、4处和5处具有包含关系。3处是前一根k线包含后一根k线，前一根k线腹中孕育着后一根k线。4处和5处是后一根k线包含前一根k线，后者把前者一口吞没了。

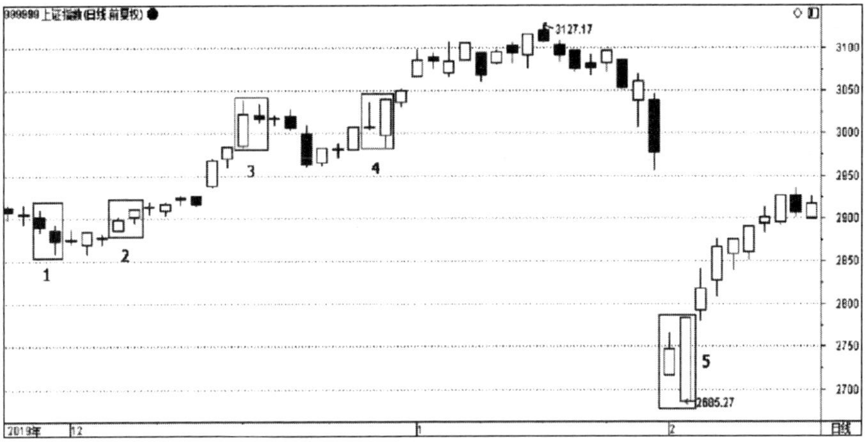

图 1－3　相邻 2 根 k 线的四种位置关系

本讲重点 3：包含关系的合并处理

针对具有包含关系的 k 线，可进行向上处理和向下处理。

1. 向上处理

假设 1 处、2 处、3 处前后 3 根 k 线依次相邻，其中 1 处和 2 处不具有包含关系，而且 1 处和 2 处是向上排列的，2 处和 3 处具有包含关系。

比较 2 处和 3 处的高点，取较高的一个，作为合并后新 k 线 4 处的高点；再比较 2 处和 3 处的低点，也取一个较高的作为新 k 线 4 处的低点，则新 k 线 4 处就形成一根光头阳线，与之前 1 处 k 线形成向上的排列关系。这种处理方式，可简称“向上取高高”规则。

2. 向下处理

类似地，假设 1 处、2 处、3 处前后 3 根 k 线依次相邻，其中 1 处和 2 处不具有包含关系，且 1 处和 2 处是向下排列的，2 处和 3 处有包含关系。

比较 2 处和 3 处的低点，取较低的一个，作为合并后新 k 线 4 处的低点；再比较 2 处和 3 处的高点，也取一个较低的作为新 k 线 4 处的高点，则新 k 线 4 处就形成一根光头阴线，与之前 1 处 k 线形成向下的排列关系。这种处理方式，可简称“向下取低低”规则。

3. **举例说明**

下面将举例说明，缠论是如何处理具有包含关系的 k 线的。

如图 1－4，其中 3 处的 a、b、c 3 根 k 线，第二根 k 线 b 和第一根 k 线 a 相比，因为 b 对应的高低点都比 a 的高低点要高，b 和 a 形成向上排列关系。b 和 c 具有前包后的包含关系，按照“向上取高高”规则，比较具有包含关系的 b 和 c，取二者高点中的较高者作为新 k 线 d 的高点，也取二者低点中的较高者作为新 k 线 d 的低点，可形成光头阳线 d，则 d 和 a 形成新的不具有包含关系的向上排列。

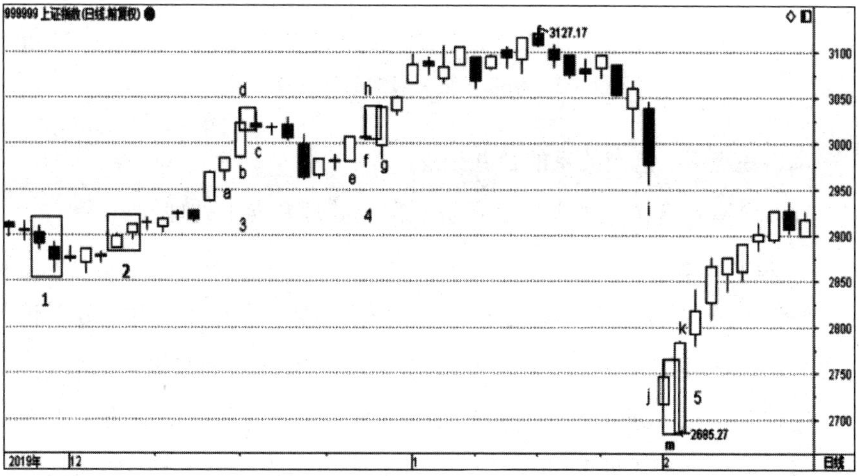

图 1－4　2 根有包含关系 k 线的合并处理

再观察 4 处的 e、f、g 3 根 k 线，发现 f 和 e 形成向上排列关系，f 和 g 具有后包前的包含关系，根据“向上取高高”规则，则可以合并成 h 这个新的光头阳线，与 e 形成不具有包含关系的向上排列。

继续看 5 处的 i、j、k 3 根 k 线，其中 i 和 j 形成巨大的跳空缺口，j 的最高点和最低点都远远低于 i 的最高点和最低点，二者自然是不具有包含关系的向下排列。

随后可见 k 把 j 包含了，根据“向下取低低”合并规则，比较 j 和 k 2 根 k 线的低点，取较低的作为新 k 线 m 的最低点，另取二者高点中的较低者，作为新 k 线 m 的最高点，则 m 这根光头阴线和 i 形成不具有包含关系的向下排列。

若第一次处理之后，新 k 线和随后一根 k 线仍具有包含关系，则再一次利用处理规则合并即可，有时碰到纠结的 k 线震荡区间需要多次合并。

请注意，处理 k 线包含关系时要按从左到右的顺序依次进行。缠论原文指出包含关系处理不符合传递律。比如第一根 k 线和第二根 k 线有包含关系，第二根 k 线和第三根 k 线也有包含关系，但第一根 k 线和第三根 k 线未必有包含关系，要用第一根与第二根处理后的新 k 线与第三根 k 线相比才行。

如图 1－5，观察 a、b、c、d、e 这五根 k 线，发现它们正处在狭窄区间内，重重叠叠的，这时候需要多次合并。

第一次处理把 a 和 b 合并成一根新 k 线，发现这根新 k 线被 c 包含了，需要再次合并处理。第二次合并之后的新 k 线又把 d 包含了，还需要第三次合并处理。三次合并之后，新 k 线与随后的 e 不再具有包含关系，此处的 k 线包含关系处理才算完成。

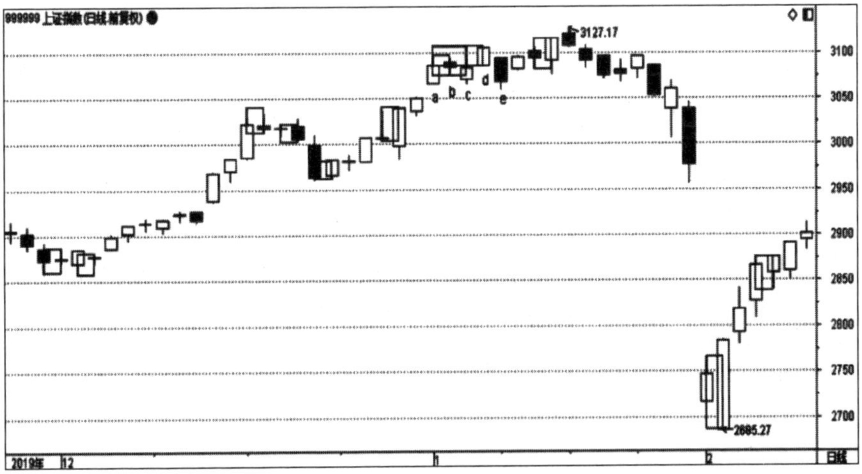

图 1－5　合并处理后的 k 线图

经过对具有包含关系的 k 线合并处理之后，如图 1－5，眼前的这张图上，所有 k 线之间不再具有包含关系，相邻 k 线不是向上排列的，就是向下排列的。任何一根 k 线必须选择站队，最终形成了高高低低、进进退退的行伍队列，只是每一队列的 k 线根数并不确定。

我们再回头看图 1－5，就像看上山和下山的石阶一样，层层排列升高上去，再层层排列降低下来。可谓是 k 线合一，排列如梯。

本讲重点 4：两根 k 线位置关系中的心相

经过 k 线位置关系的分类及包含关系的处理，对一张 k 线图原材料的初加工就完成了，图 1－5 是我们第一步工作的劳动成果。

前后相邻 2 根 k 线不同的排列关系，不但体现出多空力量的强弱对比，而且能反映出多空双方心理的贪婪与恐惧。

比如，后一根 k 线与前一根 k 线形成向上排列关系，说明了多方力量威猛不减，顶着空头的压力继续向上开疆拓土。

后一根 k 线与前一根 k 线形成向下排列关系，说明了空方力量得势不饶人，继续踩着多头向下打压。

后一根 k 线与前一根 k 线形成前包后的孕含关系，说明多空双方进入战时修整期，强者不能进，弱者不愿退。

后一根 k 线与前一根 k 线形成后包前的吞没关系，大约可见多空双方纠缠扭打得正酣，你下我一城池，我更上你一层楼。

市场数学流和形态走势图都是表相，真正起作用的是潜藏至深的心相，即缠论反复指向的贪嗔痴疑慢，人性的缺点才是缠缚自己的根源。

沿着数学工具的处理过程、形态走势的处理结果，以及背后的人性合力，由表及里、层层深入地追根溯源，既是我在后面各章节梳理的行文逻辑，又是破缠而出的可行路径。

接下来要引入顶分型、底分型的概念，这是完成笔的唯一分解的第二步工作。

02 顶底分型，山之谷顶

行情走势的行迹一定是曲折起伏的，k 线排列阶梯不会一直向上或向下，在上行 k 线队伍与下行 k 线队列的转向处，会观察到包含至少 3 根 k 线的顶分型与底分型。

本讲重点 1：顶分型和底分型

我们把左手五指张开，掌心向内，指尖向上。看中指左边，大拇指途经食指到中指形成上行的排列。再看中指右边，从中指途经无名指到达小指形成下降的排列。

中指被左右两侧的指头排列所共用，左升右降，则中指、食指和无名指就是一个顶分型，中指的最高点被称为顶分型的顶。

若把指尖向下，指头排列左降右升，则无名指、中指和食指就是底分型，中指的最低点被称为底分型的底。

把 3 根手指头换成 3 根互不包含的相邻 k 线，如图 2－1 所示，其中 1 处、2 处、5 处是底分型，3 处、4 处、6 处是顶分型。

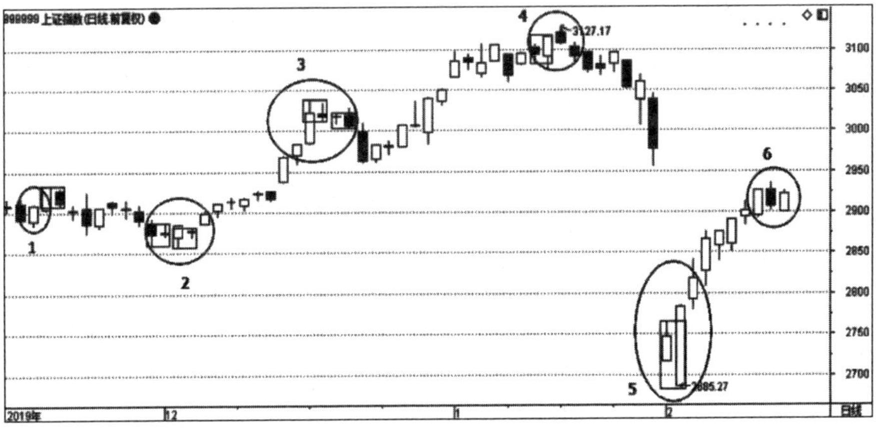

图 2－1　顶分型和底分型

除了6处的顶分型是市场自然形成的，其他几个顶、底分型都要先经过k线包含关系的处理，处理后的新k线和相邻k线再组合成顶分型或底分型。4处顶分型的顶是3127.17高点，5处底分型的底是2685.27低点。

顶分型如山峰，中间一根k线的最高点是峰顶；底分型似山谷，中间一根k线的最低点是谷底。谷峰交错，山峦起伏，上涨和下跌的k线队列曲曲折折地交替展开。

本讲重点2：一个k线集合的四元素

或许有人质疑博主提出的分型概念是受了混沌分型的启发，博主澄清说："至于所谓的分形，当然也可能是一种结构，但这种结构，本质上都是归纳性的，因此都必然是有缺陷、划分不唯一的，和在一种完全分类基础上给出的绝对结论有着本质的区别。"[J84]

博主急切地与分形划清界限，其依据是什么？k线集合的完全分类。

一张经过包含关系处理后的k线图，引入数学集合工具考察它，则该k线集合只有4种元素：{顶分型，顶分型延伸，底分型，底分型延伸}。出身于数学集合的顶分型和底分型，与经验归纳出的分形一对比，前者立即展现出市场完全分类品质，与分形完全不是一路人。

因为缠论具有演绎性的完全分类血统，拥有分析一切行情的绝对优势，故可依此鄙视任何归纳性的分析理论。"本ID的理论，可以解释波浪理论中一切的细节以及不足之处，但反过来不可能，因为本ID理论是一个更广阔的理论，波浪理论不过是一个有着巨大缺陷的不成熟理论。"[J84]

比如，波浪理论最经典的8浪结构，缠论可用一个两中枢的上涨走势和一个单中枢的盘整走势组合替代它。或者说波浪理论的8浪结构是缠论众多走势组合中的一个特例。更多不符合8浪的走势，用波浪理论解读困难极了，缠论却照样能给出合理的解读。

缠论之所以能傲视群论，底气在于引入数学工具后，其分析的精确度和全覆盖能力是其他技术理论无法比肩的。

本讲重点3：转折分型和中继分型

上行k线队列要想转向成下行队列，不经过顶分型是地球人无法想象的，正如从甲地到乙地必须先经过中间点一样。反之，一个下行的 k 线队列要想转而向上，必然先经过底分型。

一个正在向上前进中的 k 线队列，突然遭遇顶分型阻力，随后又被拖着往下走，则此顶分型称为转折顶分型。若该上行的队列遭遇顶分型阻力后，只是稍事停歇，之后迅速恢复前行，则此顶分型称为中继顶分型。

如图 2－2 中，1 处和 5 处是成功的转折底分型；3 处是转折顶分型；2 处是中继顶分型，此后行情恢复上攻；4 处是中继底分型，且此底分型后行情以惨烈的暴跌接续了之前的下行。

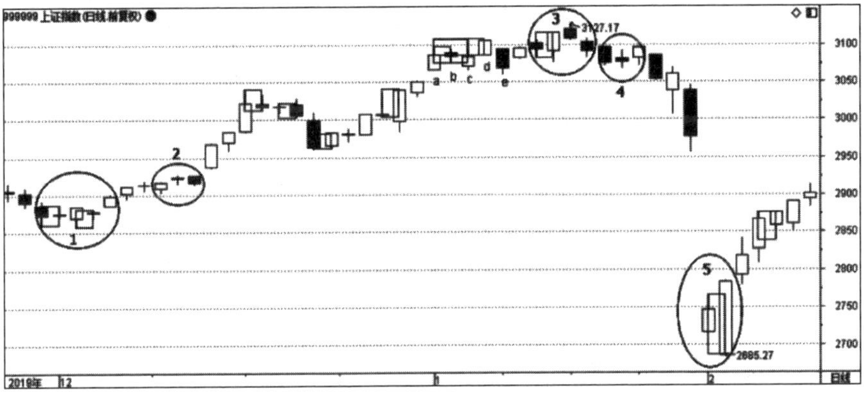

图 2－2　转折分型和中继分型

行情要转向必须先经过顶、底分型，这是不证自明的常识，炒股不需要违背常识。比如说，有人持有日线级别的多单，日线顶分型出现前应心无杂念地持仓，等到顶分型拉响了危险预警信号时，再动手减平仓也不迟。

顶、底分型另一个卓越的实战价值，是寻找三类买卖点的精确进出时机。最精确的入场时机在底分型处，但绝不能忽视遭遇中继底分型的风险，要设置好止损计划。最精确的卖出时机在顶分型，但更不能因为对中继顶分型的误判，而卖飞了股票后一直捶胸顿足。

时机的选择，是交易者面临的核心难题。赚钱超越不了低买高卖的常识，然而这个常识极其难以落实在操作中。什么时候为低，什么时候为高，无人能给出一个事先的统一标准。

任何一门技术分析理论上的完美进出场点，在实操时都不容易把握住，缠论也不例外。回头看很容易分辨哪个是转折分型，哪个是中继分型。但是在即将操作的当下，宣称此必是转折分型的人，不是在撒谎就是在臆想。

但有些分型感觉更可能是中继分型，可根据看盘经验排除它们，以提高抓取反转分型的概率。

第一个看盘经验，是看构成分型的k线力度，第三根k线力度更重要。k线的实体越长，其量能越大，是反转分型的概率越高。

图2-2中，2处和4处两个分型的第三根k线是小阴和小阳线，这是预判中继分型的迹象。而5处底分型从2685.27点开始就非常有力量，成交量也明显放大，次日的底分型成为转折分型的概率更高。

第二个看盘经验，是观察顶、底分型出现的位置。在行情大幅度涨跌后出现转折分型的概率较高。

图2-2中5处底分型出现在暴跌之后，空头力量在暴跌中释放殆尽，此处是转折底分型的可能性要比4处大。4处的底分型距离3处的顶分型太近，空头优势力量没有得到充分释放，它更有可能是中继底分型。

如果底分型生长在均线支撑位置，则避免夭折而茁壮成长的机会更大一些。图2-3中，市场在双均线交叉后开启了上涨走势，在4处底分型买入的成功率比在3处买入的成功率高，因为4处底分型有均线MA（20）的加持。

第三个看盘经验，如果吃不准当下的底分型是不是反转分型，可以等下一个底分型出现时再入场。如图2-3中，1处是第一个底分型信号，因不确定它是不是转折分型，可继续再观察一下，待到2处的底分型出现再买入。

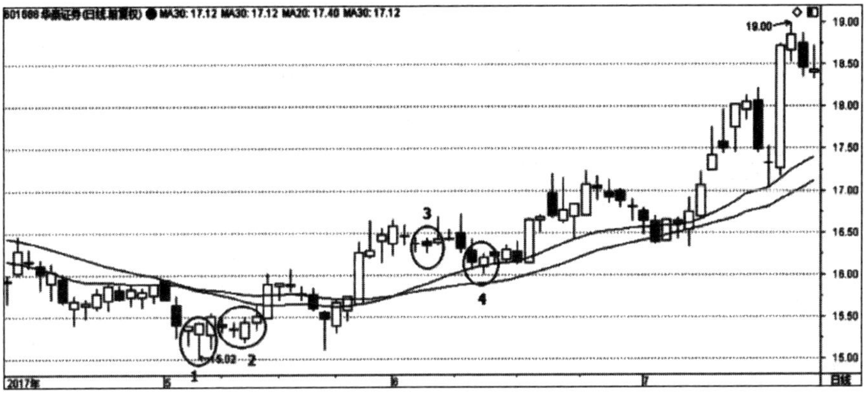

图2－3　被均线支撑的底分型成功概率高

相当于用后一个底分型，对前一个底分型先验证一下，随后再考虑入场，这样做有时候的确能提高成功率。根据验证分型入场的缺点也明显，可能会错失良机。早点进还是晚点进，和个人的风格激缓有关，也和自己能承受的风险大小有关，至于如何选择则因人而异。

本讲重点 4：分型是一场战争

顶分型和底分型本身具有转折意义，从多空力量博弈角度看，顶分型和底分型就是一场局部小战争。

把上证指数 2020 年 1 月 13 日、14 日和 15 日形成的顶分型用 5 分钟图表放大一看，如图 2－4 所示，多空力量争斗攻守的细节过程一览无余，是一个经典的由涨转跌的演变过程。

图2－4　顶分型内部的斗争过程

2020 年 1 月 13 日，指数以 3091. 49 点开盘延续了前一日尾盘的下行，直到 3075. 38 点之后多方开始凶猛上攻，最终以 3115. 57 最高点强势收盘。

1 月 14 日，上证指数以小缺口开盘，并顺势继续上攻至 3127. 10 点，接下来的两个半小时，多空力量进入势均力敌的纠缠状态。无奈多方在经受了空方两次攻击之后，在遭遇第三次打压时防线彻底失守，空头冲破纠缠区一直打到 3109. 10 点才罢手。多方仓促间开始组织反攻，可惜力量实在不足，稍微反弹到 3116. 84 点，便再次遭遇空头重击，1 月 14 日当天以最低点 3105. 72 收盘。

次日空方继续发力并有效跌破 1 月 14 日的最低点，宣告跌势正式确立。后来的空头势如破竹，行情一泻而过到达 3082. 28 点，形成 1 月 15 当日的最低点。多方后续的反抗只有象征性意义，早已经无力回天，盘势被空头力量牢牢地主导了。

“显然，一个顶分型之所以成立，是卖的分力最终战胜了买的分力，而其中，买的分力有三次的努力，而卖的分力，有三次的阻击。”［J82］

缠论指出分型及走势的哲学本质是人性贪嗔痴慢疑。因为人性亘古不变，市场参与者的贪嗔痴慢疑合力同流，会在时间轴卷上留下可重复的自同构轨迹。如果能通过分型及走势的呈现，观照参与者的心理呈现，就等于看穿了人心。

有了 k 线集合及其｛顶分型，顶分型延伸，底分型，底分型延伸｝等 4 个元素，“笔”的概念呼之欲出。

03　一画成笔，遮断悲喜

一张处理完毕的图表，只剩下｛顶分型，顶分型延伸，底分型，底分型延伸｝4 种元素，若把顶分型和底分型的高低点依次连接，高低点连线穿过顶分型延伸或底分型延伸，上上下下的小节奏就交替呈现了。

一画而过的节奏在缠论中有个响亮的名字：笔！一连串的涨跌节奏韵律中既内含着时间的相续性，又承载着价格的变化性。

本讲重点 1：神来之笔

并非所有的“顶—底”相连都有资格成就一“笔”。从数学着眼的缠论对成笔有明确的数量要求，一笔可以表达成：

上行一笔 = 底分型 + 底分型延伸 + 顶分型

下行一笔 = 顶分型 + 顶分型延伸 + 底分型

1. **严格笔**（至少有 5 根独立 k 线成笔）

严格笔又称旧笔，它要求顶、底分型延伸不能缺席，至少要有 1 根独立的 k 线。加上前后顶、底分型各拿出 2 根 k 线，所以严格笔至少包含 5 根独立的 k 线。画笔不少于 5 的数量要求，最能体现画笔与传统画波段的差异。

如图 3 – 1 中，从 2 处的底分型出发，经过底分型延伸，到顶分型的高点 3127. 17，早已满足了严格笔的成笔条件，所以 2—4 可形成上行一笔。易知 4—5 和 5—6 也都满足成笔条件，分别成为下行一笔和上行一笔。

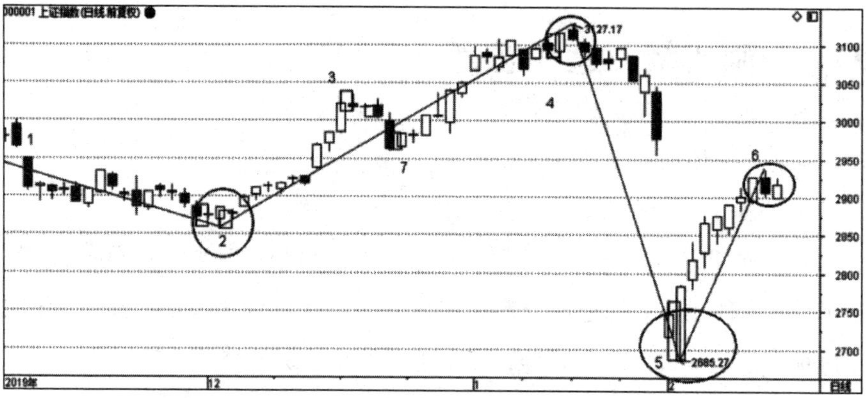

图 3－1　严格笔必须至少包含 5 根独立 k 线

2. **新笔**（合并后至少有 4 根独立 k 线成笔）

新旧笔的区别，关键就在顶、底分型延伸部分。旧笔要求顶、底分型延伸组件至少有 1 根 k 线，且一定不能和前后的 k 线有包含关系。新笔也要求延伸组件不能空缺，也必须至少有 1 根 k 线，但新笔允许它和前后的 k 线有包含关系。

所以，极简的新笔高低点之间，至少要有 5 根未经处理的原始 k 线，经过合并处理之后至少要有 4 根独立的 k 线，它比旧笔少一根独立 k 线。

如图 3－2 中，3—4 从顶到底有 6 根原始的 k 线，满足至少 5 根原始 k 线的条件。顶分型延伸中有 2 根 k 线，分别和前后的 k 线具有包含关系，经过两次合并处理后有 4 根独立的 k 线，全部满足新笔的定义要求，故可以把 3—4 大胆连成一笔。

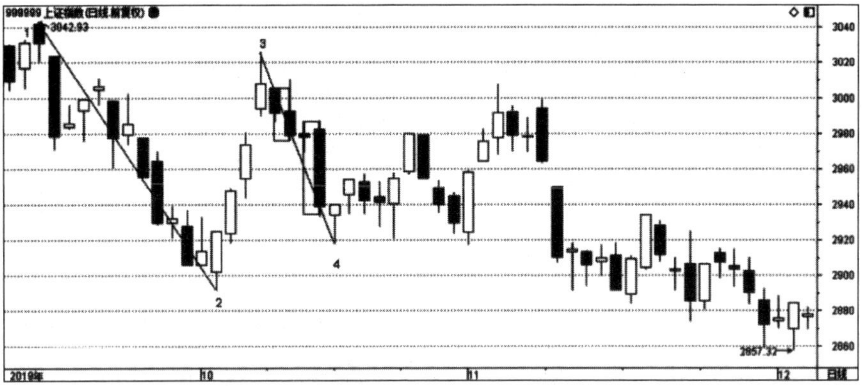

图3－2　新笔的画法

如果思想足够敏锐，从严格笔到新笔修正中，一眼便能看出画笔的灵魂是勾画节奏。遵循节奏第一的原则去画笔，就有以下各种形式的艺术笔。

本讲重点2：艺术笔

1. **类新笔**（只有4根独立的k线成笔）

观察图3－3，3－4合并后有4根独立k线，按照新笔可成一笔。而2－3天然本具有4根独立k线，而且波动幅度比3－4要大，遵循节奏第一原则，如果3－4可成一笔，为什么2－3就不能成一笔呢？

若把2－3艺术性地画成一笔，相当于孤零零的底分型和顶分型直连，中间的底分型延伸缺席。这种艺术笔和新笔的差异不大，且称为“类新笔”吧。

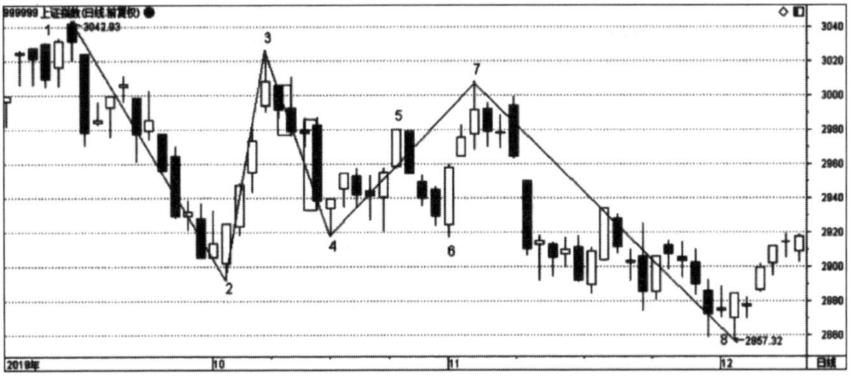

图3－3　类新笔的画法

2. 推笔

多级别联立是缠论的巨大优势，本级别一笔常对应着次、小级别的一段。图3-3中，日k线图上的3-4一笔，等价于图3-4中30分钟的一段倒N形结构3-4。用次小级别几笔构成的小段，反推出本级别上的一笔，这种画笔方式称为“推笔”，推笔逻辑严密，结构稳定，是学习缠论递归的基本技法。

图3-3上3-4一笔画好后，立即遭遇结构复杂的4-5-6-7，可以用推笔技法对付它。图3-4中，4-5形成的N形结构和前面的3-4倒N形结构，明显并不在同一个节奏韵律里，而5-6稍微破掉4处的最低点即恢复上行。

因此，可认为4-7属于同一段新的走势，即对应着图3-3日线上的4-7一笔。从次级别一段的角度，巧妙地画出日线上复杂的4-7一笔，完成了推笔的画图过程。

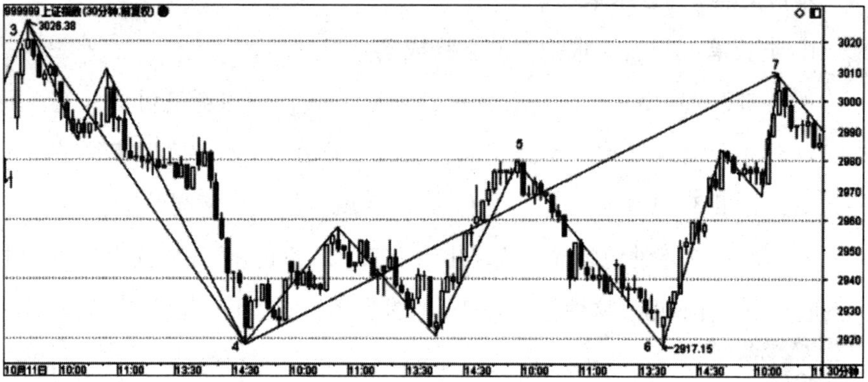

图3-4 推笔的画法

3. 次低（高）点成笔

观察图3-5，从a开始暴跌两周后打出b的最低点，跌幅足够大了，应该要画出一笔才能体现出节奏来，但a-b只有3根k线故不能成笔。

虽然d处的低点870.18比c处的低点871.78更低一点，但d那根k线包含了前一根k线，它被包含关系合并处理掉了，也不能和a连成一笔。最终可将a-c连成一笔，兼顾了跌幅够大和时间够长，这即是次低点成笔。

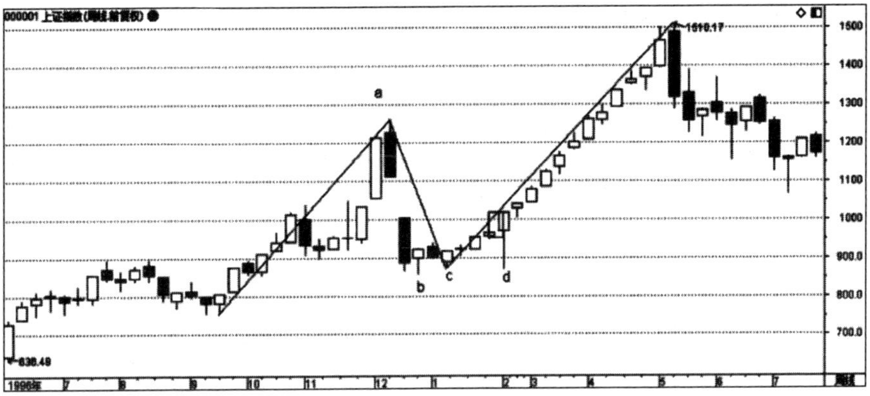

图3－5　次低点成笔

4. 跳空缺口成笔

跳空缺口一跃而过，体现了攻击方具有绝对的力量优势。根据缺口之前2根k线的上下排列关系，有顺势跳空缺口和反向跳空缺口。反向跳空缺口猝不及防，杀伤力极大。

图3－6中1－2间的缺口之前是底分型，突然来一个反向跳空缺口顿时打乱了原节奏，幅度之大足以成反向的1－2一笔。2－3中的缺口前也是底分型，顺势一个跳空缺口成笔令人惊喜。4－5是容纳了反向缺口成笔。

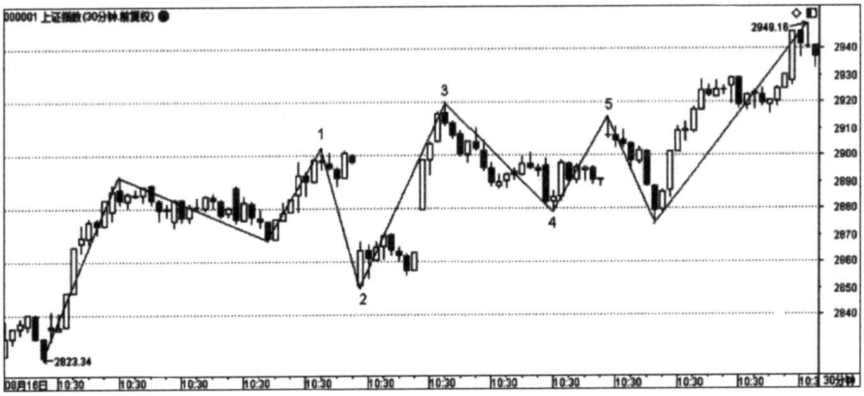

图3－6　跳空缺口成笔

5. 连续涨跌停板成笔

如图3－7中，连续涨跌停板形成一连串的跳空缺口，一笔带过即可。

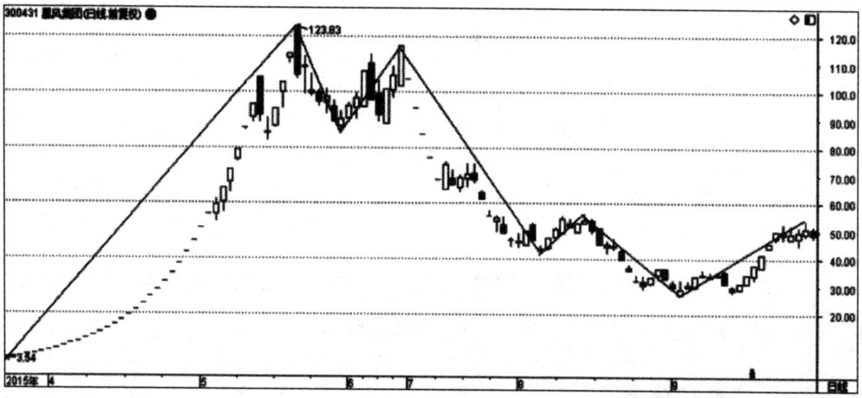

图3－7 连续涨跌停板成笔

6. 打横笔

图3－8中，股价在框内“上—下—上—下”地呈现出完美的对称结构，如果按照严格笔或新笔一一画出各笔，图表的节奏反而显得凌乱无序。可以对高点5.87之前的狭窄对称区一笔带过，可将低点4.50后的狭窄对称区一笔拉上去。

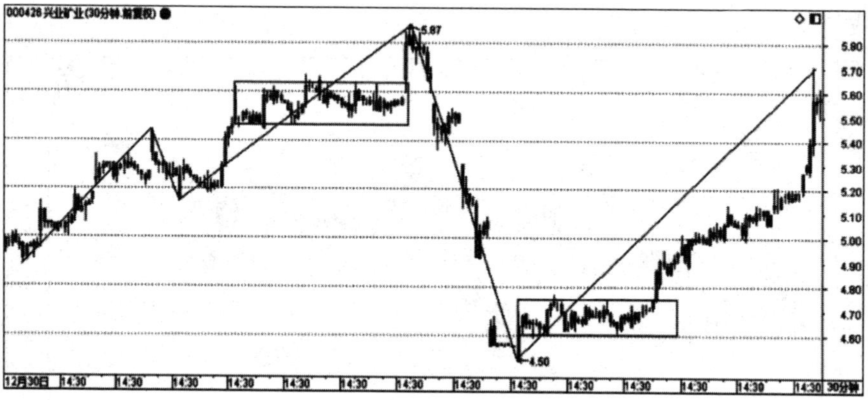

图3－8 打横笔的画法

更极端的走势如图3－9所示，在2－3横线当天是个一字涨停板，在30分钟图表上该如何画笔呢？直接把1－4连成一笔即可。相当于忽略当天的时间因素，直接把当天的全部涨停价格点作为1个价格刻度点处理。

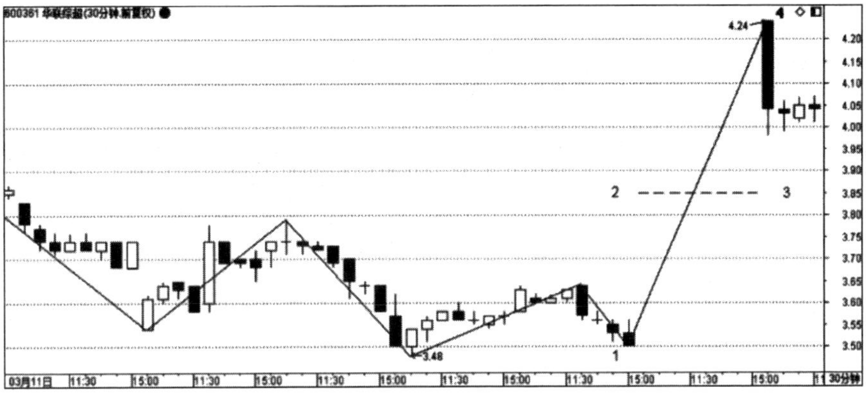

图3-9　一字涨停板成笔

本讲重点3：一画成笔遮悲喜

画笔既要合“理”，又要合“情”。炒股是从心而发的技艺，有科学的规则，更有艺术性的灵活。按照新旧笔定义去画笔固然合“理”，但未必合乎交易者的“情”，一笔画出来自己都觉得别扭，哪来的信心根据此笔交易呢？

图3-10中，按照新旧笔的定义1-2成笔没问题，2-3却不能成笔。虽然3-4可画新笔，但不能跳过2-3单独画出。4-5、5-6成笔，6-7又不能成笔。如果按照画笔的定义规则，把顶、底分型调整来调整去，竟然只能画出1-8一笔。

实战时仅画出1-8一笔，虽合“理”但不合“情”，一笔带过遮蔽了太多的真实心理感受。股民的心会跟着价格涨跌而波澜起伏，靠一笔规则强压如沸水般的念头，恰如石头压草，在持仓时内心会惶恐不安。若引入2-3和4-7两笔艺术笔，其节奏韵律更合乎自心，持仓之心更易安。

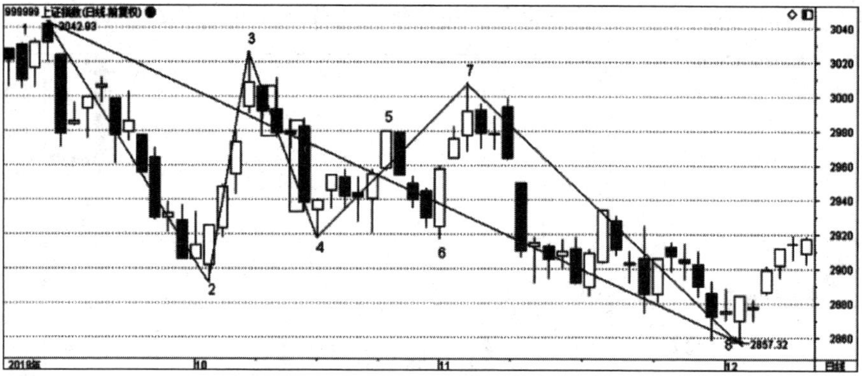

图 3－10　严格笔对心理的遮蔽

画笔的第一原则，是要能合理勾画出行情韵律节奏，若能一眼看出行情的节奏，连笔都不用画了。

我们在画笔时碰到纠缠不清的走势，不仅需要勇猛地一笔挥剑而断，更要有过河弃筏的智慧，不能被笔的定义自缚手脚，绝不死于笔下。有人学缠一两年还卡在画笔这一关，估计是太固守笔的定义了。

本讲重点 4：分段函数与笔的唯一分解

缠论从“数”的立场分解行情始终不变，在处理 k 线包含关系与顶、底分型及其延伸时，其数学式的解盘特色还没那么明显，等到了用数字 5 定义严格笔和新笔时，缠论精确的数学思考模式才彰显无遗。画笔有明确的数量要求，避免了传统技法画波段时的随意性。

在笔的正反交替中，隐含着一个极其重要的数学分析工具——分段函数。“任何的分类，其实都等价于一个分段函数，就是要把这分段函数的边界条件确定清楚。例如下面的函数：

$$f(X)=-1,\ X\in(-\infty,0);\ f(X)=0,\ X=0;\ f(X)=1,\ X\in(0,\infty)$$

关键要搞清楚 $f(X)$ 取某值时的 X 的范围，这个范围就是边界条件。在走势的分类中，唯一可以确定的是不可能取负值，也就是从 $[0,\infty)$ 进行分类，把该区域按某种分类原则分为 N 个边界条件。” [J68]

如图 3－11 以时间 T 为自变量，以笔为因变量 B，以成笔规则为 f，则 $B=f(T)$，任何一张图表都可唯一分解成上行笔与下行笔的交替连接。

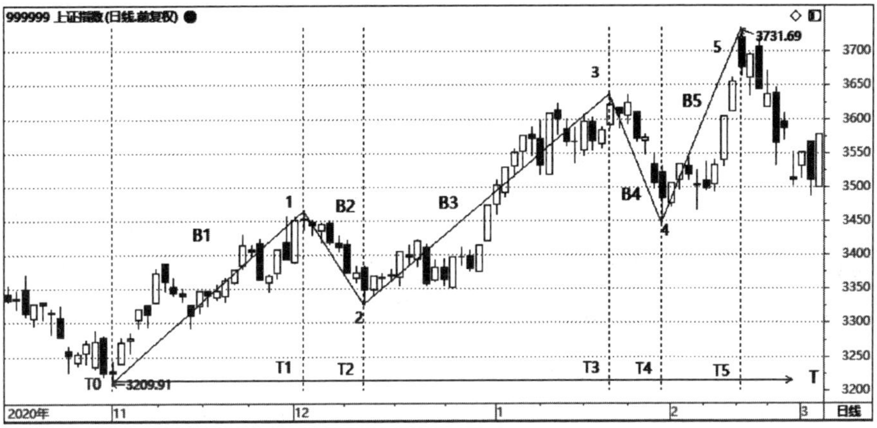

图 3－11 分段函数与笔的唯一分解

分段函数可完成正反笔的唯一分解，是最小层次的分解单位的完全分类。但笔的格局太小，为了更贴近实战，缠论要把分段函数用到格局更大的线段上，以实现第二层次的分解单位的唯一分解。

04 四点三线，终结线段

在单一级别上完成笔的唯一分解后，观察走势的组件简约至极，只剩下“笔＋笔＋笔”组件的连接。但笔的格局太小不利于洞察全局，可把相邻的几个笔组件“捆绑”在一起，不考虑捆绑后的内部结构，以构建出更大的行情分解组件，这就是“线段”。

本讲重点 1：市场基因与线段

一个最简单的线段是至少由 3 笔组成的，并且前三笔必须有重叠的部分。图 4－1 中，从 0 到 3 是包含着 3 笔的最简单线段，0－1 起笔上行，所以该线段称为向上线段。3－6 是由 3 笔构成的反向下行线段。

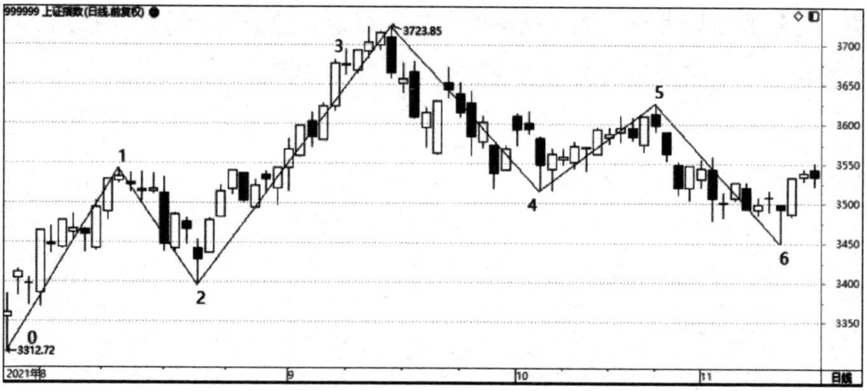

图 4－1　一个线段至少包含 3 笔

为什么线段至少要由 3 笔构成？为什么线段内的总笔数只能是奇数？这要反观趋势的本质，才能了解其中的深义。

“上涨：最近一个高点比前一高点高，且最近一个低点比前一低点高。下跌：最近一个高点比前一高点低，且最近一个低点比前一低点低。盘整：最近一个高点比前一高点高，且最近一个低点比前一低点低；或者最近一个高点比前一高点低，且最近一个低点比前一低点高。”［J15］

三种走势的原始定义中潜藏着市场基因——“四点三线”的N结构。

以下跌趋势定义看，两高两低有四点，四点相连成三线，“四点三线”的倒N形结构就是最基本的下跌趋势。反之，正N形结构是最基本的上涨趋势。盘整走势的定义可认为是正反“N”结构的变形。

如图4-2中，从高点3587.03到低点2691.02是由9笔构成的延长线段。依次由0-3、3-6和6-9 3个基本线段连接而成，每一个线段组件都包含了3笔，都内含着“四点三线”的N形结构的市场基因。

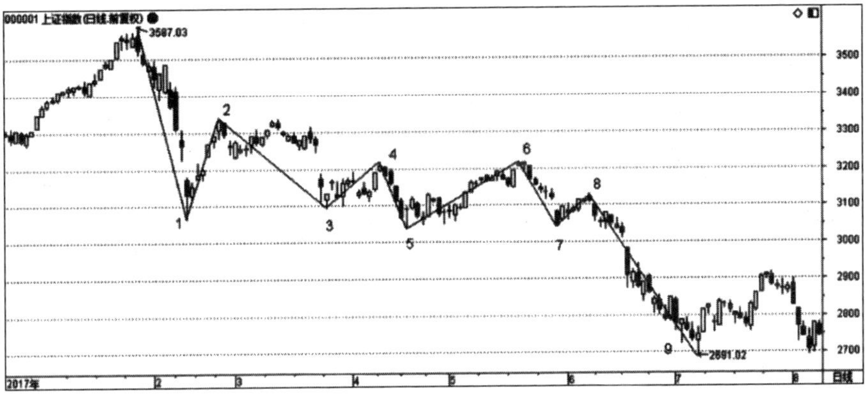

图4-2　线段中无处不在的市场基因

缠论指出笔和线段的起终点，只能是一顶一底或一底一顶，若2笔可成线段必然是起于顶结束于顶，或起于底结束于底，必须跟上第三笔才合乎缠论的基本要求。

如果只有上下两笔的一进一退，没有第三笔的继续向前推进，市场总是徘徊不前，如何能演化出波澜起伏的走势呢？市场基因中天然存在“一而再、再而三”的节奏韵律，立即可推知线段的总笔数必定是奇数。

本讲重点2：如何判断线段的终结？

要实现以线段为单元的市场唯一分解，必须找到前后新旧线段的临界点。线段终结的判断是学缠者最大的“拦路虎”，标准特征序列元素分型判断法让人望而生畏，加上奇形怪状的线段作祟，封死了众多缠迷的前行之路。

一个新线段要想终结掉旧线段，要遵守两大原则：一是能量对等原则，二是形式完备原则。两大原则一表一里，内在无形的能量对等原则更重要。

所谓能量对等原则，是指新线段要想推翻旧线段，它的能量要足够大，否则凭什么能把旧线段扔进老死的历史走势堆里去呢？所谓形式完备原则，是指新线段必须至少包含3笔，要符合“线段只能被线段终结”规则要求。

判断线段终结的方法有以下几种：

1. 新生旧死法

图4-3上1-4是倒N形线段，4-5一笔刺入最近同向笔2-3的内部形成了笔破坏。5-6一笔的回撤没跌破4的低点，上行一笔6-7强势突破5的高点，形成拥有“四点三线”的新线段4-7。此新线段形成之时即是旧线段1-4终结之日，4处的低点266.47是新旧线段的临界点。

新上行线段4-7延长到高点9处，9-10一笔刺入同向笔7-8内部首先形成笔破坏。因为10-11一笔不能突破9处的高点，且11-12反而击穿了10处的低点支撑，故由9-10、10-11、11-12三笔发展出更新鲜的线段又把4-7线段终结了。则图4-3可划分出1-4、4-9、9-12 3个线段。

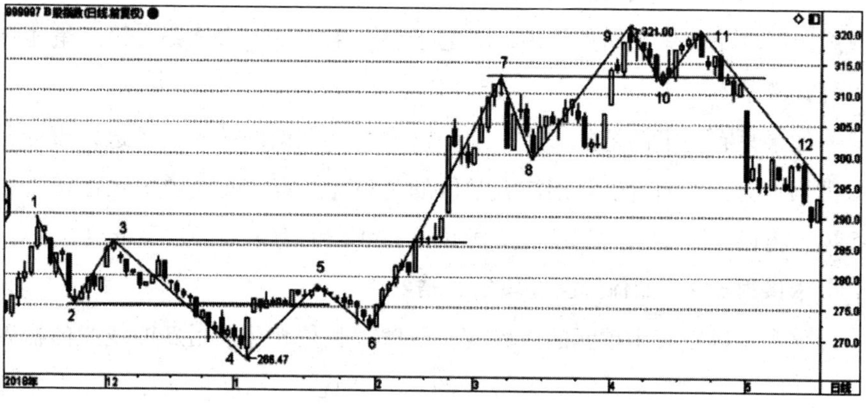

图4-3　新生旧死法判断线段的终结

图4-4中，从3187.87高点下行的一笔5-6力度较弱，无力造成笔破坏。随后的6-7不能创新高，7-8下行一笔反而破掉6的低点，接着

一口气又穿插到3－4区间内。从5到8三笔累积的量能足够大，既符合能量对等原则，又满足形式完备原则，它有资格成为一个下行新线段5－8。新生即旧死，所以原上行线段0－5被终结在5处3187.87高点。

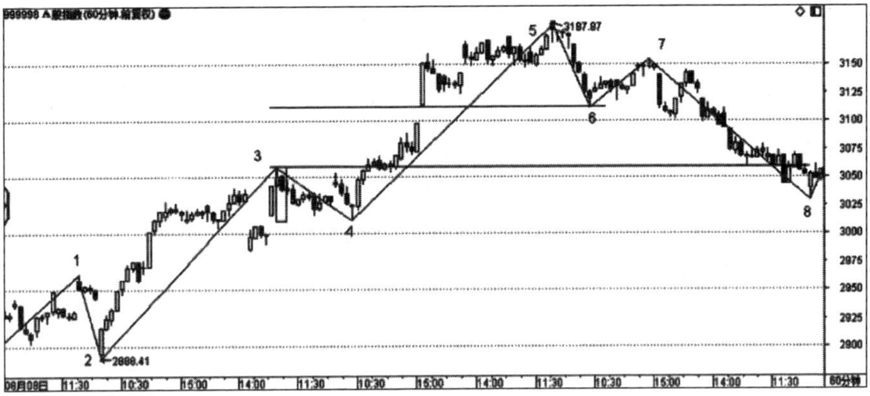

图4－4　线段只能被线段终结

2. 标准特征序列元素的顶底分型法

图4－5中，以下行笔1－2开始的线段，其特征序列的元素是2－3，4－5，6－7，8－9，10－11等。8－9和10－11具有包含关系，经类似k线包含关系的合并处理后，所有特征序列元素间都不再有包含关系，该特征序列可称为“标准特征序列”。

在标准特征序列里，构成顶、底分型的三元素中，第一元素和第二元素间要么不存在缺口，要么存在缺口。

如图4－5中，下行线段1－4的标准特征序列元素2－3，4－5，6－7构成了底分型，该底分型第一元素2－3和第二元素4－5间有重叠，故不存在缺口。下行线段1－4的终结点就是底分型的低点266.47。

如果上行线段的标准特征序列元素构成了顶分型，且顶分型的第一元素和第二元素间不存在缺口，则此上行线段的终结点就是该顶分型的高点。

图4－5中，上行线段4－9的标准特征序列元素是下行笔5－6，7－8，9－10，11－12，其中7－8，9－10，11－12构成了顶分型。该顶分型的第一元素7－8和第二元素9－10间不存在缺口，上行线段4－9的结束点就是顶分型的321.00高点。

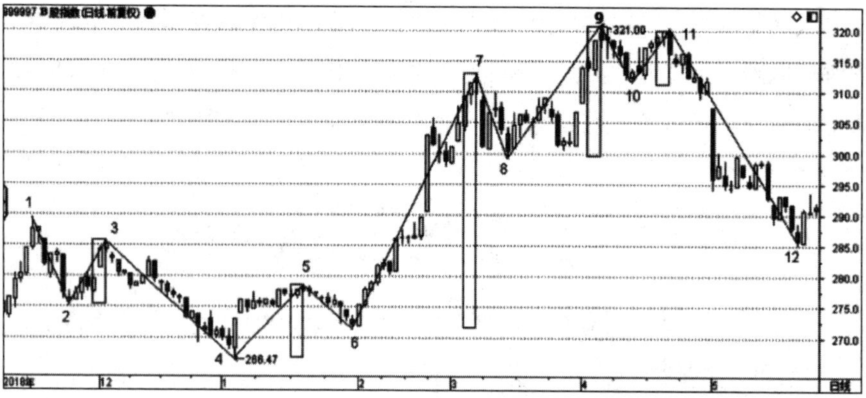

图4－5　不存在缺口的下行线段，被标准特征序列元素的底分型终结

如果顶、底分型的第一、二元素间存在缺口，判断起来就稍微复杂一些。图4－6中，上行一笔4－5开启了上行线段，由其标准特征序列元素构成的顶分型的第一元素5－6和第二元素7－8间存在缺口。

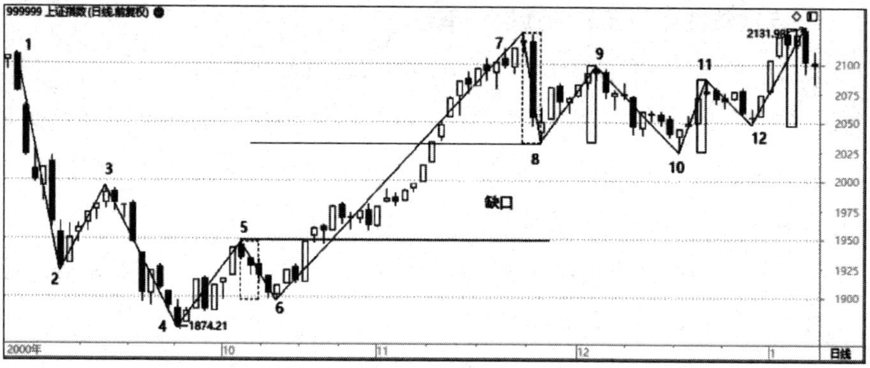

图4－6　存在缺口的上行线段的终结判断

“假设”7处的高点就是线段4－7结束点，请注意，既然“假设”了下行的线段已经开始，就要反向找7处之后的各上行笔构成的特征序列元素。

一旦新下行线段的标准特征序列元素8－9，10－11，12－13构成了底分型，即宣告新下行线段7－10又被更新鲜的上行线段10－13终结，根据线段终结的传递规律，在7－10被终结的同时原上行线段4－7立即在7处的高点结束了。如图4－6，可唯一分解成1－4，4－7，7－10，10－13 4个线段。

利用标准特征序列元素构成的顶、底分型，还可以判断古怪线段的终结。图 4 –7 中 1 –4 是下行线段，真正的麻烦来自 4 –5 一笔暴力破坏后，在该笔方向上却没有形成标准的 N 形线段。

假设 4 处是线段 1 –4 的终结点，虽然特征序列元素 2 –3 和 4 –5 具有包含关系，但已经假设 4 处前后不同段故不能合并。4 –5 和 6 –7 具有包含关系，根据“向下取低低”规则合并成 4 –7。因为 2 –3，4 –7 与 8 –9 形成了底分型，故 1 –4 下行线段在 4 处低点结束。

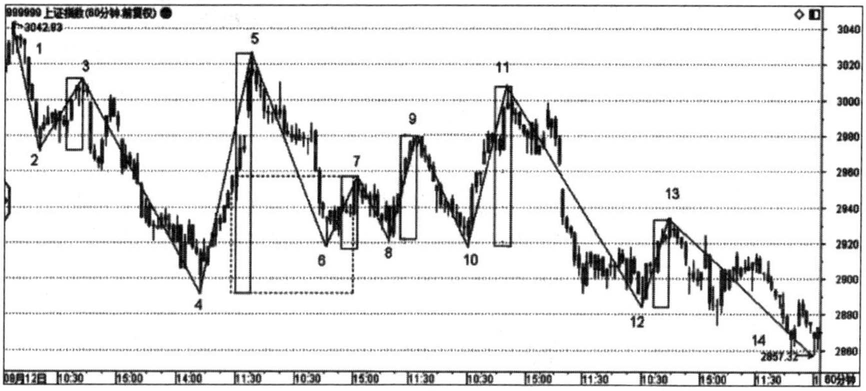

图 4 –7　古怪线段的终结判断

3. 次高（低）点终结法

图 4 –8 中，从 4 处开始的行情最高点在 5 处，但 4 –5 只是一笔，不满足“线段只能被线段终结”的规则，可把次高点 11 作为该线段的终点。

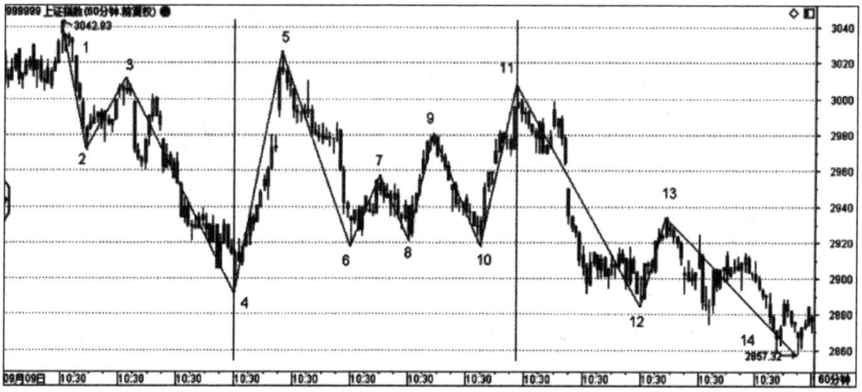

图 4 –8　线段终结点调整在次高点

4. 高级别一笔法

有人特喜欢缠论的递归，假如用一张 5 分钟精度的图表作为最小级别，如图 4 –9，现在要迅速递推出 30F 本级别的线段起终点，如果在下图中一时看不出来，可借助日线上一笔的起终点快速确定。

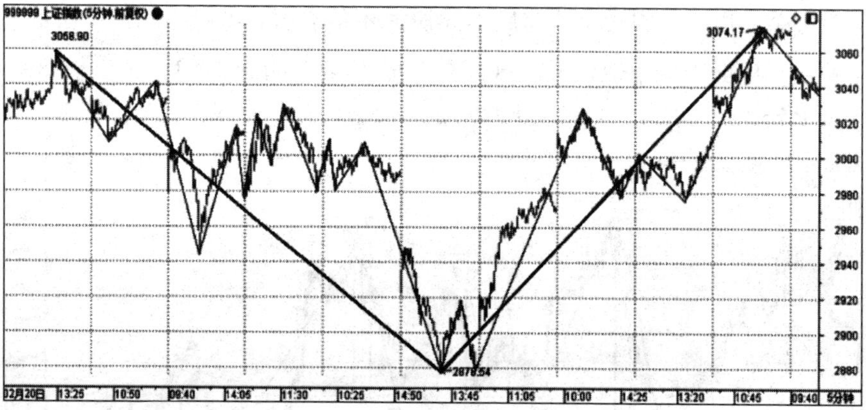

图 4 –9　用高级别一笔法判断本级别的线段终结

在日线图 4 –10 上，容易画出 3058. 90 点到 2878. 54 点的下行一笔，再画出从 2878. 54 点到 3074. 17 点的上行一笔，日线上相邻两笔的起终点，就是图 4 –9 中粗线对应的 30F 级别的线段起终点。

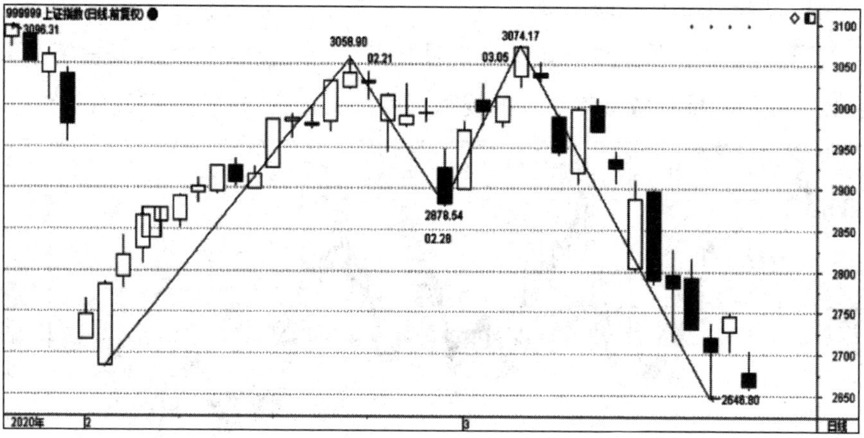

图 4 –10　日线的一笔通常等价于 30 分钟的一个线段

5. **大均线交叉法**

观察大参数的双均线交叉，有助于快速找到线段的起终点。如图 4 - 11，从 MA（60 - 120）金叉点向左下方找到最低价 146.58，它大致就是旧线段的终点和新线段的起点。从双均线死叉点向左上方找到最近的高点 205.00，它就是新下行线段的起点和旧上行线段的终结点。

图 4 - 11　用大均线交叉点反推出线段的起终点

判断线段的终结点是非常重要的技法，核心在于抓住能量对等原则和形式完备原则，并能够灵活处理特殊的线段。“四点三线”N 形的新线段一成立，旧线段即被终结。

本讲重点 3：分段函数与线段

有了以上各种判断线段终结的方法，找到前后线段的临界点已不在话下。以线段为基本分析单位的行情唯一分解，就不再是空头支票。任一级别的图表都可以唯一拆解成上下线段的连接。市场完全分类的思想，再一次被落实。

缠论指出任何的分类都等价于一个分段函数，要把分段函数的边界条件确定清楚。用笔组件合成的线段的唯一分解当然是分类，线段也等价于分段函数，要搞清楚线段的边界条件就靠各种判断线段终结的方法。

以时间 T 为自变量，以线段 D 为因变量，$D = f(T)$，f 是线段成立条件定义，即必须至少包含 3 笔，且前三笔有重叠的部分。

如图 4 - 12，从 T0 到 T1 对应下行线段 D1，从 T1 到 T2 对应着上行线段 D2，从 T2 到 T3 对应着下行线段 D3，从 T3 到 T4 对应着上行线段 D4，从 T4 到 T5 对应着正在运行的最新下行线段 D5。

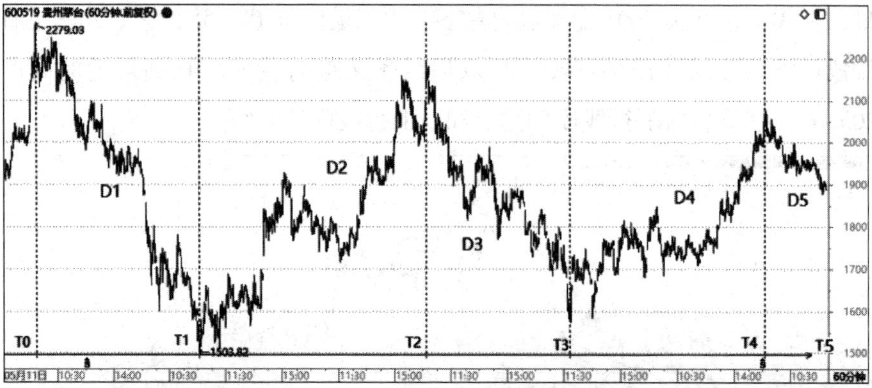

图 4 －12　分段函数与线段的唯一分解

从笔的唯一分解看市场，单一级别上所有的行情走势，都变成正反笔的首尾相依相抵；从线段的唯一分解看行情，任何一个价格点，任何一根 k 线，任何一笔，不是落在上行线段上，就是落在下行线段里，不存在第三种可能。分段函数精确的完全分类特质，被笔和线段的唯一分解刻画得淋漓尽致。

请注意，新线段终结旧线段的时点，最早要在“四点三线”反向 N 结构成立时才能确认。图 4 －12 中的各个竖虚线称为线段的同级别分解线，虚线只能在新线段成立后确认，这意味着用线段观察行情拐点时一定存在滞后性。

本讲重点 4：线段的重要作用

线段在缠论中的重要作用，体现在以下几点：

1. 线段是构建中枢的组件

中枢是缠论最鲜明的标签，线段是构成中枢的最小砖块。有人会问：中枢不是由 3 个次级别走势类型重叠部分构成的吗？但请问次级别、次次级别，一直到最小级别的中枢是什么构成的？比如，最小 1 分钟级别的中枢没法再用次级别的走势类型构建，但可以用 1 分钟的线段构建出来。

2. 线段可辅判走势类型的起终点

缠论最高层次的唯一分解单位是走势类型的三分天下。判断当下是什么走势类型时，要看一个完成了的走势含有几个中枢。如果把走势类型的起终点，调整到与线段的起终点一致，不就可以通过判断线段有没有终结，来判断当下走势有没有“完成了”吗？

3. 线段可以确定交易方向

线段的方向非上即下，不存在模糊的灰色地带，可形成顺势交易策略。例如，30 分钟级别上，可把行情分解成向上和向下线段的首尾相接。如果当前行情处在上行线段里，根据顺势交易的原则只做多不做空。反之，如果当前在下行线段里，只做空不做多。

4. 线段是形态分析的基础

其他形态分析派并没有创造出“线段”的名词，但离不开线段对应的行情结构。比如，波浪理论最经典的 8 浪结构，可以拆解成一个 5 笔的线段和一个反向的 3 笔线段。传统形态分析的中继形态与反转形态，也都可以从线段的角度得到解释。

因为线段是市场的基因结构，各种形态分析理论都离不开它。老前辈们在线段正倒 N 形结构上采取不同的视角，发展出不同的技术分析理论，形成百花齐放、百家争鸣的局面。

线段好比一条主通道，各门技术分析理论都是分岔路，条条大路通山顶，没有绝对的高下之分，只有契不契合自己之别。

缠论对线段的依赖是显而易见的，在线段基础上创造性地提出“中枢”的概念，为缠论贴上了最醒目的标签，这是下一章要谈的重要内容。

05　中枢之束，势在踯躅

缠论赋名小节奏为“笔”，大节奏为“线段”。其他技术分析理论虽然不叫它们“笔”或“线段”，但是同样使用着等价的大小节奏。“中枢”是缠论最鲜明的独有标签，缠论扛起了中枢大旗开创一番新天地。

本讲重点 1：递归函数与中枢的定义

从“数”的角度看市场就是一股数字流。绝大多数人根本没有数学思考习惯，如果博主拿着中枢的数学定义，顺便鄙视一下文科生，的确让人无话可说。

“缠中说禅走势中枢：某级别走势类型中，被至少三个连续次级别走势类型所重叠的部分。具体的计算以前三个连续次级别的重叠为准，严格的公式可以这样表示：次级别的连续三个走势类型 A、B、C，分别的高、低点是 a1/a2，b1/b2，c1/c2。则，中枢的区间就是［max（a2，b2，c2），min（a1，b1，c1）］。而实际上用目测就可以，不用这么复杂。”［J18］

中枢精确而严肃的数学定义令人不知所云，所幸实际上用目测就可以，无须死抠着数学定义不放。因为本级别中枢离不开次级别走势，次级别中枢又离不开次次级别走势，所以，递归性是定义中枢的关键。

“本 ID 关于中枢等的定义，其实一直没有改变过，因为中枢定义的关键，在于定义的递归性。一般的递归定义，由两部分组成：①f1（a0）= a1；②f2（a_{n+1}）= a_{n+1}；关于第二条的中枢过程规则，是一直没有任何改变的，而关于第一条，其实，可以随意设置任何的，都不会改变中枢定义的递归性。而且，任何有点数学常识的人都知道，f1（a0）= a1 之前是不需要再有什么递归性的，也就是，①和②之间的 f1、f2 可以是完全不同的两个函数。

例如，可以用分型、线段这样的函数关系去构造最低级别的中枢、走势类型，也就是①中的 a1，而在②中，也就是最低级别以上，可以用另一套规则去定义，也就是有着和 f1 完全不同的 f2。”［J84］

简言之，最小级别的中枢定义可以另辟蹊径，不必和高级别保持一致。

本讲重点 2：定义中枢的三种组件

1. 用次级别的走势类型，定义本级别的中枢

如图 5－1，其中 0－1，1－2，2－3，3－4 和 4－5 都是最小级别 1F 的走势类型。1－2，2－3 和 3－4 重叠的部分可用方框表示，即 5F 级别的中枢。方框的上边界是中枢的 ZG，下边界是中枢的 ZD，3 处的高点是中枢的 GG，4 处的低点是中枢的 DD。

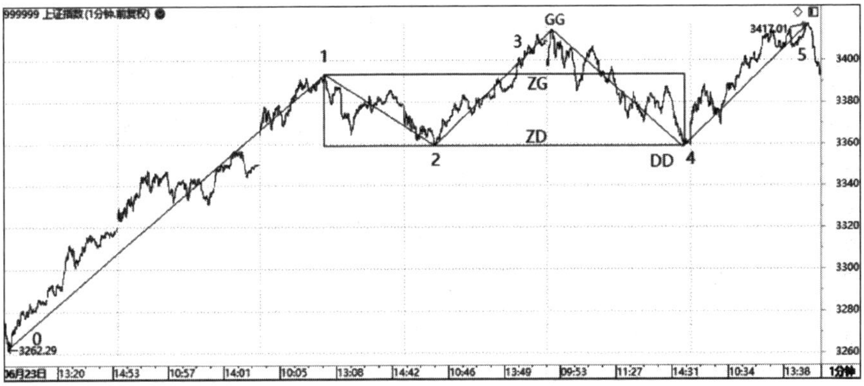

图 5－1　用次级别的走势类型，定义本级别中枢

2. 用最小级别的线段，定义最小级别的中枢

根据原文的中枢递归定义，高级别的中枢当然可以用次级别的走势定义，当构建最低级别的中枢时，逻辑上不再存在次级别走势了，这时可用最低级别的线段去定义中枢，否则会陷入无限循环。

图 5－1 中，用来定义 5F 中枢的 1F 走势类型该如何划分？首先必须找到 1F 级别的中枢。图 5－2 中，又如何定义 1F 级别的走势 3－4 的中枢呢？可用a－b，b－c，c－d 3 个连续线段的重叠部分定义，即图上直观的狭窄方框对应的部分，这种中枢可称为奔走型中枢。

最小级别的中枢 a0 及走势类型 a1 好比是第一层楼，第一层楼先建好了，才能启动 f2 递归规则建造第二层楼 a2、第三层楼 a3、第四层楼 a4 等。

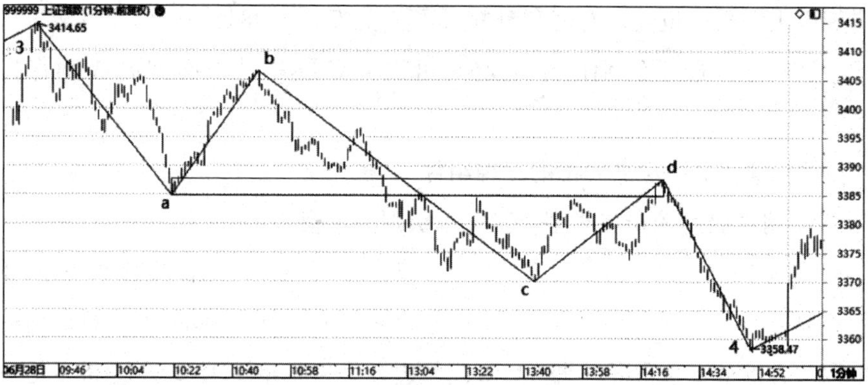

图 5 -2　用最小级别的线段，定义最小级别中枢

在最小的级别 1F 上定义中枢 a0 及走势 a1 时，不再考虑更小的级别，更不必考虑更大的级别，相当于最小级别自己获得了独立分析权！

如果把 5 分钟、30 分钟、60 分钟及日周月季线，统统赋予独立分析权，何不干脆仿照最小级别用线段构造中枢的办法，也用本级别的线段构建本级别的中枢？避开烦琐的中枢递归，让行情分析不再拖泥带水，简约无比。

3. 用本级别的笔，定义本级别的中枢

更进一步地思考，在日 k 线及以上的大周期上，因为笔组件足够稳定，可以直接用笔构建中枢，以更加符合广大股民的思考习惯。

如图 5 -3 日 k 线周期上，用 1 -2，2 -3 和 3 -4 连续 3 笔的重叠部分确定中枢的 ZG 和 ZD，即方框上下边界线。因为日线一笔足够稳定，可以承担起中枢大任。这样处理逻辑更清晰，技法更简单，实战性更高。

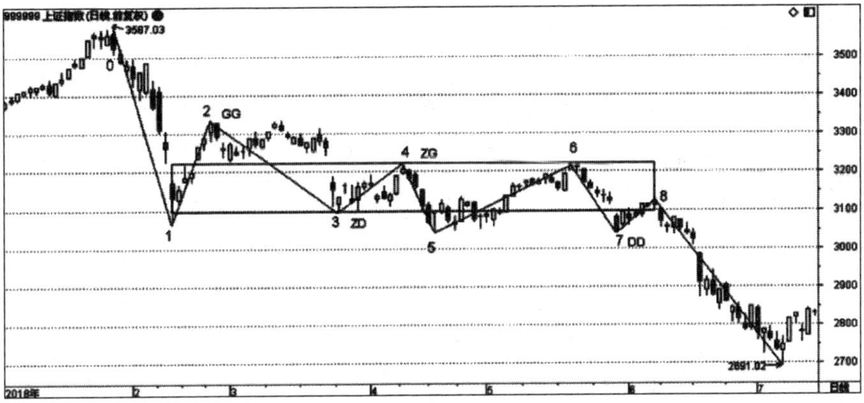

图 5 –3　在大周期级别上，用笔定义中枢

总之，无论用次级别走势类型、本级别线段，还是本级别的笔构建中枢，中枢都对应着一个震荡区间，是多空力量不分上下、拉锯纠缠的平衡区。

本讲重点 3：特殊中枢与中枢升级

缠论有递归和同级别分解两大分析路线。递归路线通常在 1 分钟图表上，同时分析 1F、5F 和 30F 三个级别的走势。注意 5F、30F 级别和 5 分钟、30 分钟图表不直接挂钩。1F、5F 和 30F 等名称是为了区分走势的等级。

1. 延伸中枢

如图 5 –4，每一根折线都是一个 1F 级别的走势类型。上行 0 –1 走势段后，逆向起行的 1 –2，2 –3，3 –4 构成了 5F 级别的标准中枢。4 –10 各小段走势成为该中枢延伸部分。

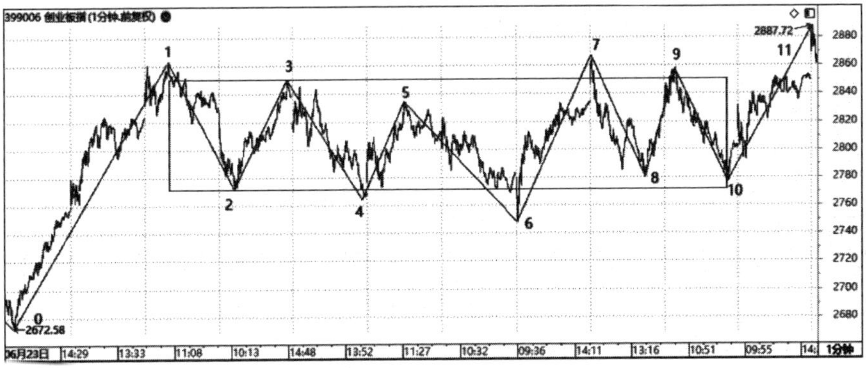

图 5 –4　中枢及其延伸

2. 扩展中枢

如图 5－5，每一根折线都是一个 1F 走势，由 1－2，2－3，3－4 3 个 1F 走势重叠部分可定义 5F 级别的中枢。4－10 是中枢的延伸部分，10－11 试图穿越并离开中枢，11－12 的回撤站在中枢之上形成三买，但 12－13 却无力创新高，13－14 被吸回中枢内形成了中枢的扩展。

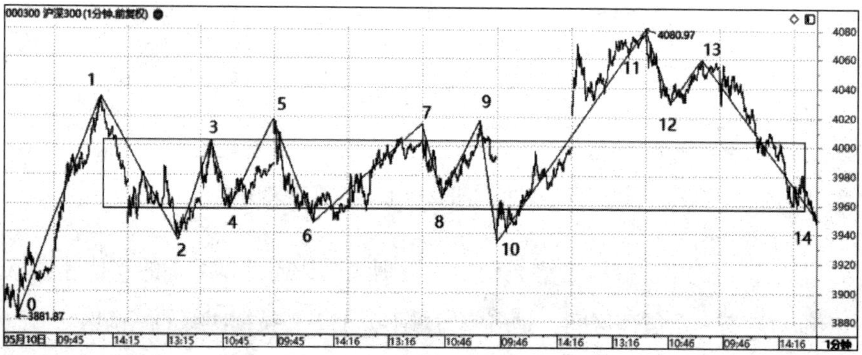

图 5－5　中枢及其扩展

3. 中枢新生

如图 5－6，从 2461.54 开始上行，首先形成回调型的 5F 级别中枢 A，随后多头继续发力向上推进，在更高的位置又产生一个 5F 级别的中枢 B，中枢 B 和中枢 A 之间没有任何的重合，称之为中枢新生。

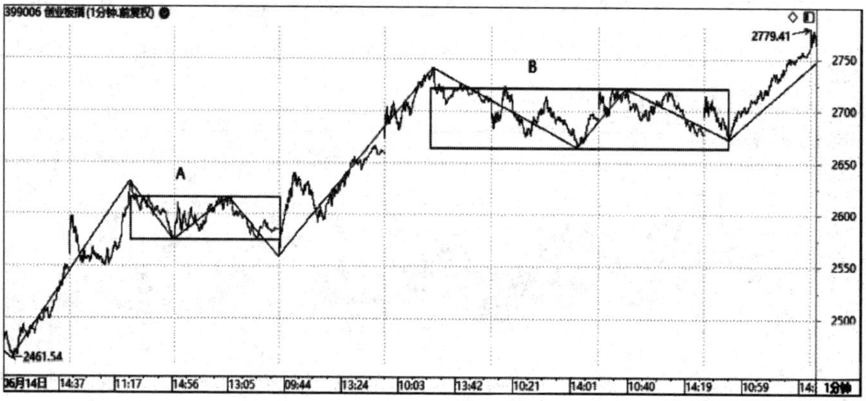

图 5－6　中枢的新生

4. **中枢扩张**

中枢延伸和中枢扩展是横向的过度生长。如图 5－7，如果上下两个中枢形成纵向的中枢联盟，则称之为中枢扩张。

中枢 A 和 B 都是 5F 的中枢，A 中枢的 GG 和 B 中枢的 DD 有重叠，重叠部分用虚线框 C 表示，则 A 和 B 上下联手形成了中枢扩张。

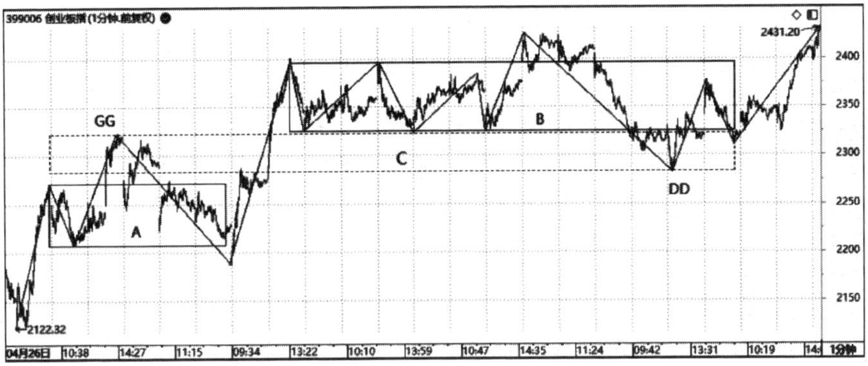

图 5－7　中枢及其扩张

5. **类中枢**

类中枢，又称笔中枢。如图 5－8，A 是由 3 个 1F 走势组成的 5F 中枢。1－2 离开中枢 A，2－3 的反弹力量太弱，无法触及中枢 A 的 ZD 而形成 3 处的第三卖点，三卖之后行情再出新低。其中 2－3 处的倒 N 形结构 B，称为类中枢。类中枢在判断盘背信号，以及定义特殊的走势类型时很实用。

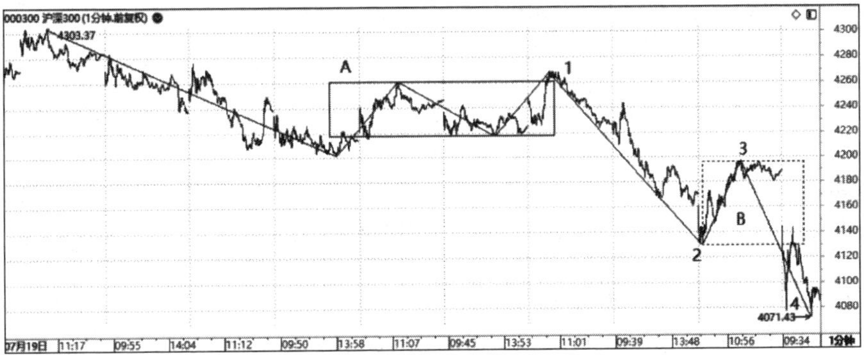

图 5－8　类中枢

6. **中枢升级**

中枢升级有两条途径，一是中枢横向的不断延续，二是中枢纵向的联手。例如，图5－4的延伸中枢超过了9个1F走势，该中枢就从5F级别成功升级为30F中枢。图5－7中枢扩张后也能成功升级到30F级别。

本讲重点4：中枢是缠论的大旗

线段勾画出的节奏是众多理论公用的原材料。各理论分支因视角的不同各看各景、各走各路，最终又汇聚在行情走势三分天下的同一目标上。

中枢是缠论的旗帜，也是缠论的画龙点睛之笔，是区别于其他技术分析理论的鲜明标签。可从以下几点观察中枢的重大作用：

1. **中枢的引力作用**

缠论把中枢比作恒星，构成中枢的次级别走势类型、线段或笔，要离开中枢必须克服中枢的引力，像航天飞机必须要克服地球的重力一样。

图5－9中，4－5一笔试图克服中枢的吸引力向下驰离，却被中枢拉回并形成穿越中枢区间的5－6。虽然从3127.17下行的一笔12－13力量巨大，但紧随其后的13－14又被中枢A吸入中枢区间内。

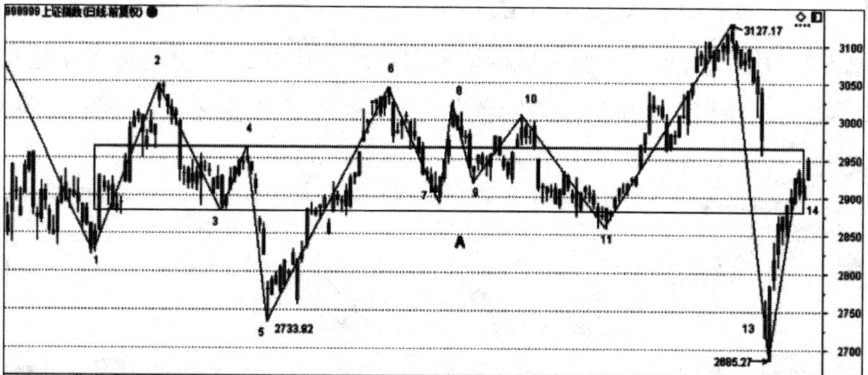

图5－9 中枢的引力作用

2. **中枢的压力或支撑作用**

如图5－10，a、b两次的强攻，均遭受中枢A的震荡中轴Z的阻挡，b点之后行情转而向下。当看到多头反攻到震荡中轴Z一线时，空方为保住利润可能会加仓阻击，一些抄底的人目标已达也想落袋为安，两股卖出的合力把反弹的力量压制了。在下行走势中，中枢对反弹的次级别走势有压力作用。同样地，在上行走势中，中枢对回调的次级别走势有支撑作用。

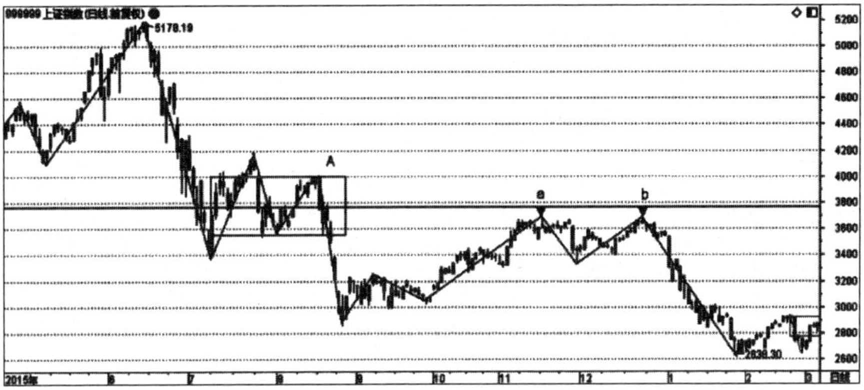

图 5－10　中枢的压力作用

3. **中枢让行情的节奏更清晰**

有的行情走势阶段很流畅，有的行情走势阶段纠缠不清，引入中枢可以描述出纠缠不清的状态，所谓中枢，势在踯躅，相当于把杂乱的行情状态捆束“打包”，让整体走势看起来节奏更清晰。

4. **中枢可定义走势类型**

中枢的个数是定义三种走势类型的直接依据，下一讲将详细讲述此内容。中枢的延伸、扩展与扩张是中枢升级的根源。所有的走势多义性都和中枢相关，中枢的结合律让缠论的解盘就像打牌组合一样自由。

5. **中枢是三类买卖点的参照物**

例如，第一类买点肯定在最近的中枢之下，第二类买点的位置比较灵活，在中枢之下、之中、之上都可以，第三类买点肯定在最近的中枢之上。背驰及三类买卖点都离不开中枢，中枢是定位三类买卖点的参照物。

中枢者，枢纽也。中枢能把笔、线段、走势类型、背驰以及三类买卖点都联系在一起，形成完整的解盘体系及买卖信号。中枢是破缠而出的下手处，是缠论的画龙点睛之笔，不充分理解中枢，就无法打通缠论形态学和动力学的“任督二脉”。

06　走势三分，中枢为准

在单一级别上，缠论要完成从小到大 3 个层次的唯一分解，最小层次的是笔的唯一分解，其次是线段的唯一分解。现在要实现最高层次的唯一分解：走势类型的唯一分解。

本讲重点 1：走势类型的数学化定义

缠论原文一再指出“任何级别的所有走势，都能分解成趋势和盘整，而趋势又分为上涨和下跌两类”。

至于什么是盘整和趋势，可以用中枢给它们下一个精确的定义：

“缠中说禅盘整：在任何级别的任何走势中，某完成的走势类型只包含一个缠中说禅走势中枢，就称为该级别的缠中说禅盘整。缠中说禅趋势：在任何级别的任何走势中，某完成的走势类型至少包含两个以上依次同向的缠中说禅走势中枢，被称为该级别的缠中说禅趋势。该方向向上就称为上涨，向下就称为下跌。”［J17］

可见，走势类型定义中有两个要点：

一是，任何级别“某完成的”走势，如何判断一个走势有没有完成呢？

第一种方法，根据中枢的方向判断。如果前后两个中枢的方向不一致，它们就不在同一个走势类型里，两中枢间的高、低点就是前一个走势的完成点。

第二种方法，根据线段的终结规则判断。走势类型的高低点可以调整到和线段的高低点重合。这种方式简单实用，值得重视。

第三种方法，根据行情图表上的直观高低点判断。通常走势类型的起终点即对应着图表上的直观高低点，有经验的交易者能一眼看出来。

二是，“某完成的”走势里包含的同方向中枢的个数。

找到一个完成了的走势类型的起终点，再数一数它含有几个同方向中枢。

含有 1 个同向中枢是盘整走势类型，含有 2 个及以上的同向中枢就是趋势。此法并不难理解，真正厉害的是数字 1 和 2 的引入。传统技术对走势的划分是形象化的，“四点三线”的 N 形结构也是直观可见的，分析的出发点是市场的形“象”，缠论从市场的“数”之门进入后，引入中枢的数量 1 和 2，其视角和其他理论大不相同。

缠论在线段唯一分解基础上，巧妙地运用了同方向中枢的个数，把线段一分为二的解盘模式，包装成走势类型三分天下的华丽新款，完成单一级别上最高层次的走势类型的唯一分解。

缠论推开“数”之门走进市场，借用数学工具最终定义出三种走势类型。从“象”之门进入市场的其他技术理论，也能分辨出三种走势类型。“象”“数”二门皆可入理，可谓殊途同归。

本讲重点 2：三种中枢三种缠

当下是什么走势类型？取决于内含中枢的个数。中枢从哪里来？由组件构成。三类组件三中枢，三种中枢三种缠。

1. 递归缠

缠论原文笔墨最浓重的就是递归缠。

先确定最低级别 a1 的中枢及走势类型，再由 a1 的走势类型递推出更高级别 a2 的中枢及走势类型，接着是 a3、a4、a5……形成高级别、本级别、次级别、次次级别和最低级别的多级别联立。

显微镜倍数最大、精度最高的 1 分钟图表，承担起构建 a1 中枢及走势类型的重任，称为 1F 级别。通常地，a2 级别用 5F 表示，a3 级别用 30F 表示，显然 5F、30F 和 5 分钟、30 分钟图表并非一一对应。

现在从一张 1 分钟的图表出发，渐次可定义出 1F、5F 和 30F 级别的走势类型，实战中 3 个级别联立就足够了。

如何定义最低级别 1F 的中枢及走势类型呢？

既然是最低级别，就不能再用 1 分钟之下的走势去定义 1F 级别的中枢及走势类型，否则会陷入循环。故可用 1 分钟图表上的线段构建 1F 中枢。

图 6－1 是上证指数 1 分钟图表，找出 0－1，1－2，2－3，3－4，4－5，5－6，6－7，7－8，8－9 等线段，对于还没有掌握线段终结的人，要准确合理地划分出各个线段也不容易，不过熟能生巧，几十上百张图画下来一定能掌握。

再由相邻 3 个线段的重叠部分构建出 1F 同向中枢 A 和 B，则 0－9 是 1F 级别的两中枢上涨走势类型。

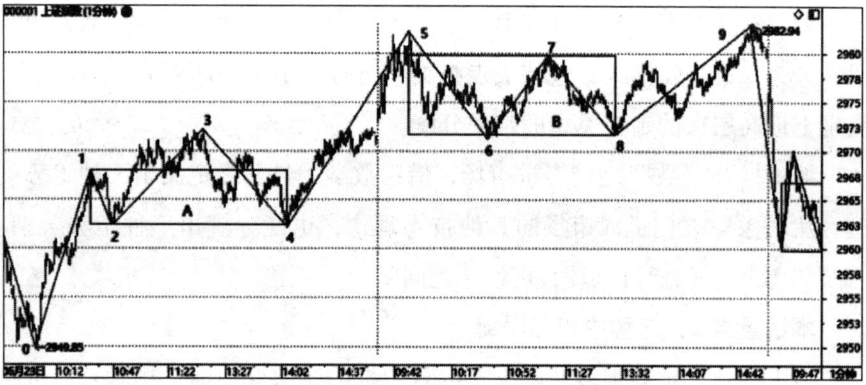

图 6－1　最低 1F 级别的上涨走势的定义

在图 6－2 中，先找出 2982.94 点之后的各小折线对应的线段，再由 10－11，11－12，12－13，13－14，14－15 画出 C 中枢，则 9－16 是包含一个中枢的盘整走势类型。

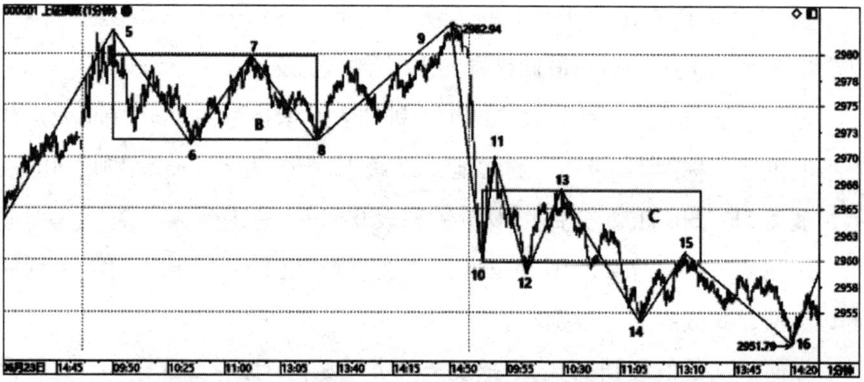

图 6－2　最低 1F 级别的盘整走势的定义

观察图 6 –3 中的 0 –5 走势，其中一个中枢都没有，请问它是什么走势类型？有人把它归入上涨、下跌和盘整之外的第四种“线段类”走势。

为符合走势三分的习惯，可引入类中枢，把 0 –5 归入包含两个类中枢的下跌走势类型。从能量对等上看，0 –5 的下跌能量与 5 –9 大致相当，归入上涨走势并不为过。

以此类推，可以把其余的 1F 级别的走势类型都定义出来。

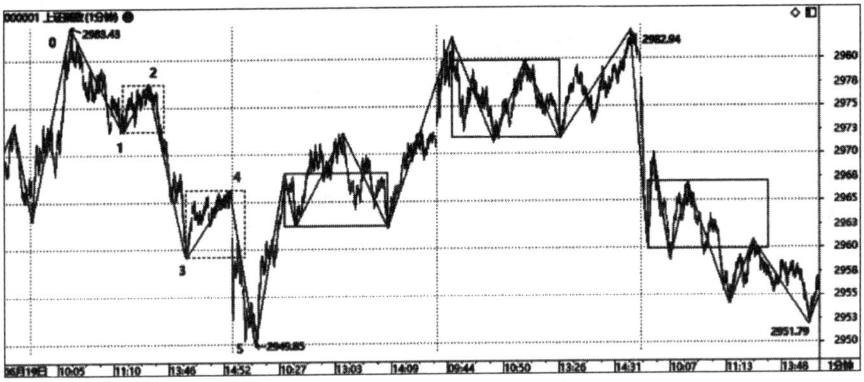

图 6 –3　用类中枢个数定义“线段类”走势类型

如图 6 –4 中的方框处所示，由相邻 3 个 1F 级别走势类型的重叠部分，构建出 5F 级别中枢。从 2872.62 点开始的 5F 级别走势类型包含一个类中枢和一个标准中枢。

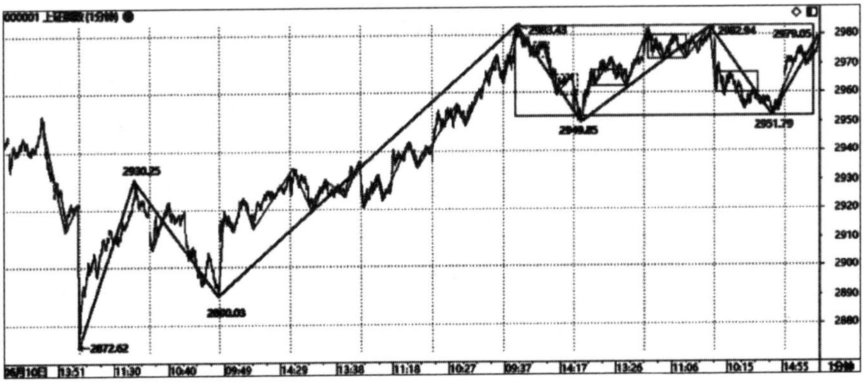

图 6 –4　由 1F 级别的走势定义出 5F 中枢

图6-5中，A-B，B-C，C-D，D-E，E-F都是5F级别的走势类型。由B-C，C-D，D-E的重叠部分定义出30F级别的中枢，整张图表A-F是包含1个中枢的30F级别的盘整走势类型。

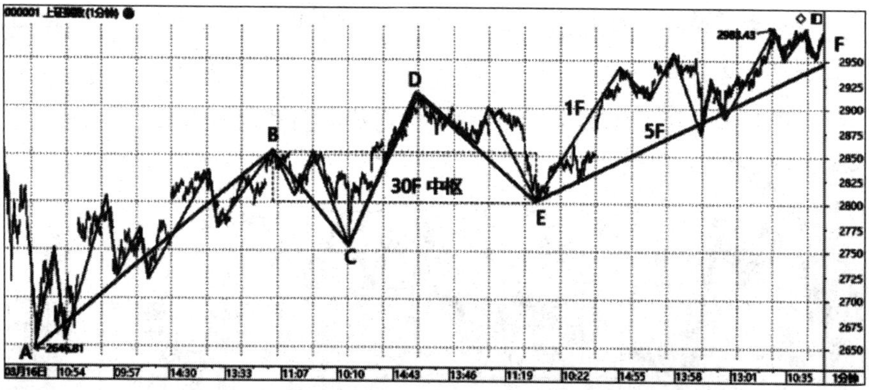

图6-5　由5F走势类型定义出30F中枢及走势类型

递归缠仅从一张1分钟图表，即可定义出1F、5F和30F的走势类型。要是自家的电脑屏幕有一面墙那么大，且愿意花钱购买软件商的高频数据库，还可以递推出日线、周线甚至月线级别的走势类型。

递归缠的优势在于精确无比，且容易感受到从小到大各级别的生长过程。缺点是分析过程太复杂，3个级别天生就捆绑在一起了，好比同时用三把“尺子”测量市场。一会儿看低级别，一会儿看本级别，还得兼顾高级别，在上上下下的级别转换里，人容易把交易目标跟丢了。

级别不定，一切白谈。原文多次提醒股民要固定好一个级别，比如盯住30F的走势类型演化过程及买卖点，次级别5F和最低级别1F只作为辅助。这就是原文的同级别分解思路。

同级别分解不必再考虑本级别中枢的升级，碰到复杂的中枢延伸和扩张，可以拆分成“盘整+盘整”走势类型。但是本级别30F的中枢依然要用5F级别的走势类型构建，5F级别的中枢仍离不开1F的走势类型。所以，原文的同级别分解思路是“顾下不管上”，能不能“上下两不管”呢？

2. 同解缠

分析的过程越短，技术的实战性越强。如果要定义30F级别的走势类型，能不能直接挂钩30分钟图表，且和1F、5F两个次小级别走势脱离关系？缠论原文的同级别分解已经触及这个问题，但却把这条思考路线堵死了。

“有人可能马上要问，同级别分解的次级别分解是否也是同级别分解的。答案是，不需要。”

“可以制定出这样的同级别分解规则：在某级别中，不定义中枢延伸，允许该级别上的盘整+盘整连接；与此同时，规定该级别以下的所有级别，都允许中枢延伸，不允许盘整+盘整连接；至于该级别以上级别，根本不考虑，因为所有走势都按该级别给分解了。”［J38］

然而实战中，重新疏通这条思考路线，需要把同级别分解进行得更加彻底。如果把任一图表都作为独立的a1处理会怎么样？在定义最低级别1F中枢时使用了什么组件？本级别的线段！

观察一张5分钟图表，效法最低级别的处理方式，直接用5分钟图上的线段定义中枢。图6-6是上证指数5分钟图表，方框标记的中枢直接由5分钟的线段构成。整张图表可定义为包含1个中枢的“5分钟级别的（不用5F级别）盘整走势类型”。

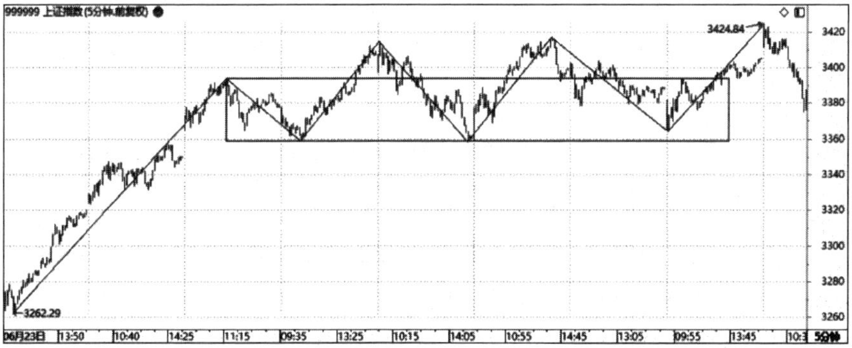

图6-6　直接用5分钟线段定义5分钟级别的中枢

如果考虑视域更广的全局图，可以用30分钟图表观察。直接用30分钟的线段构建30分钟级别的中枢，并定义出30分钟级别的走势类型。

图6-7是30分钟图，直接用图上的线段定义中枢，再用中枢的个数

定义出“30 分钟级别的走势类型”。（为区分递归缠，不用 30F 表示。）

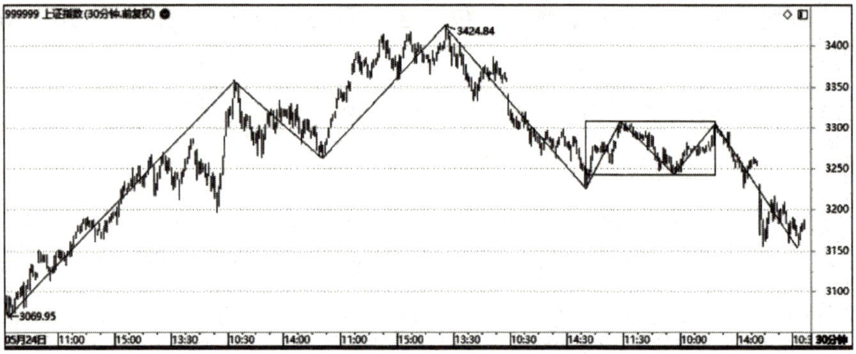

图 6 -7　直接用 30 分钟线段定义 30 分钟级别的中枢

笔者所提倡的彻底的同级别分解，是在原文“顾下不管上”的同级别分解基础上更上一层楼，走向了“上下两不管”独立自由。

而且同解缠的级别与图表上的时间周期一一对应，周期即级别，更符合股民的习惯。同解缠逻辑清晰、技法简约，堪称是“缠论截拳道”。

3. **简易缠**

为什么又提出简易缠呢？实战需要！

简易缠不但可以像同解缠那样使用线段定义中枢，而且可以使用线段和笔的混搭定义中枢，还可以在日、周、月、季等大周期的 k 线图上，直接用笔去定义本级别的中枢。

另外，当碰到没有标准中枢的特殊走势时，简易缠可以考虑引入类中枢，根据类中枢的个数去定义该走势的类型。

图 6 -5 上的 A - F 是从 1 分钟图表开始，费了九牛二虎之力定义出的 30F 级别走势类型。如果换成日线图直接观察，用日线上的笔定义中枢，半分钟不到就能画出图 6 -8 上的中枢及盘整走势类型。

根据约定，同解缠和简易缠的级别和图表周期挂钩。图 6 -8 中 A - F 称为“日线级别的盘整走势类型”，递归缠则称为“30F 级别的盘整走势类型”。

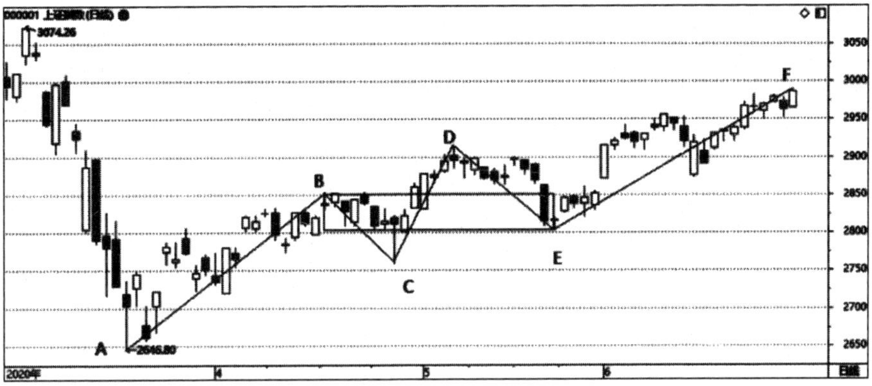

图 6 –8　日线周期上可直接用笔定义中枢

有人问了，这三种缠，哪一个才是真正的缠论呢？

狂热型的缠迷，当然会认为递归缠才是最原汁原味的缠论。

原文的同级别分解已经提升了递归缠的实战性，但还没有形成更彻底的同解缠。同解缠把递归缠纠缠在一起多级别一一独立解放。只有长期在市场搏杀的人，才能体会出同解缠是实战价值极高的“缠论截拳道”。

简易缠是对同解缠的进一步拓展，用线段或笔灵活地定义中枢，更契合市场真实的走势节奏，更能体现出实战第一的原则。

简易缠和同解缠的真正区别，不在于用笔或线段定义中枢，而在于简易缠得意忘形，过河弃筏，丢掉了缠论各种定义规则，跟着韵律节奏而随波逐流。明白“缠中说禅”即是要脱“缠”解缚的人，一定会弃形重神走向简易缠，通达解盘的大自由境界。

本讲重点 3：三种走势类型的唯一分解

类似笔和线段的唯一分解公式 $B=f(T)$ 和 $D=f(T)$，从分段函数角度看，同样以时间 T 为自变量，以走势类型 Z 为因变量，$Z=f(T)$，f 代表盘整 a + A + b 和趋势 a + A + b + B + c 两种结构的规则。

不管以哪一种组件构建中枢，即不管是用递归缠、同解缠还是简易缠，都可以完成任何级别上的三种走势类型的唯一分解。

如图 6 –9，从递归缠角度看，图上每一根小实线都是 1F 级别的走势类型，首先完成 1F 级别的唯一分解。再由 1F 走势的重叠部分定义出 5F

中枢及走势类型，用一根根小虚线表示。

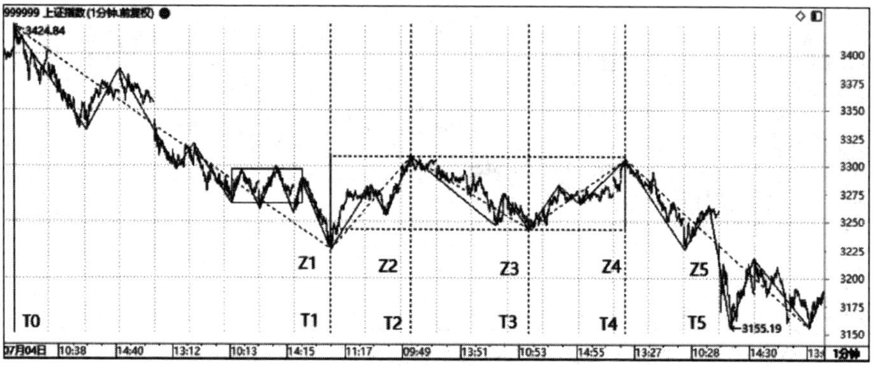

图6－9　递归缠实现各级别走势类型的唯一分解

从T0到T1对应着5F级别走势类型Z1，内含1个标准的中枢，再引入1个类中枢可定义为5F的下跌走势类型；从T1到T2对应着5F级别走势Z2；向右依次对应Z3、Z4、Z5 3个5F级别的走势类型，完成了在5F级别上的走势唯一分解。

3个5F级别走势Z2、Z3、Z4的重叠部分，构成虚线方框标识的30F级别中枢，整张图表是包含1个中枢的30F级别盘整走势。继续向左回溯，重复以上的操作处理，可完成30F级别的行情唯一分解。

上例中5F级别的走势类型的唯一分解，用同解缠的视角分析更方便。如图6－10，直接观察5分钟图表，且用5分钟图上的线段定义出中枢。最终分解的结构和用1F走势递推出的结构完全一致。

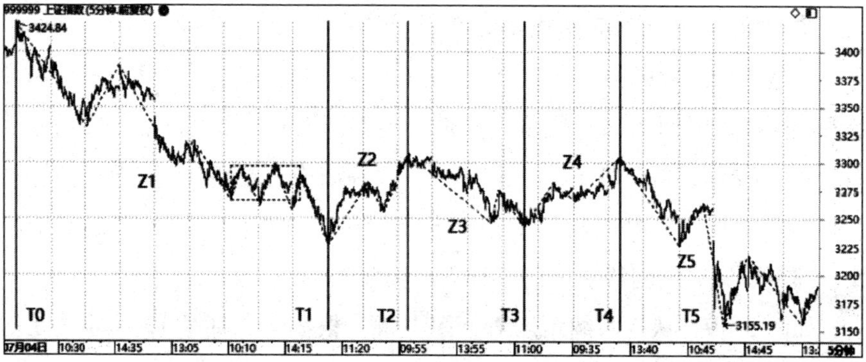

图6－10　同解缠实现5分钟走势类型的唯一分解

同解缠和递归缠的本质相同，但同解缠让各级别的“尺子”独立自主。它把1分钟图表上纠缠不清的1F、5F和30F 3个级别，一分为三。

继续用同解缠的思路，把30F级别的走势类型独立出来。如图6－11，3424.84点右侧用30分钟线段或笔构建中枢，可分解成盘整走势类型Z2，左侧可分解成两中枢的上涨走势类型Z1。

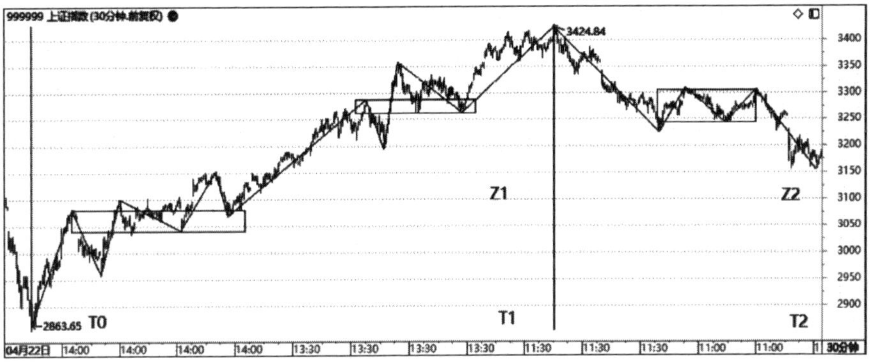

图6－11　同解缠实现30分钟走势类型的唯一分解

同解缠用在日内的周期更好，比如在30分钟或小时图上，某一笔特别巨大，可用它和线段一起去组建中枢，此时的同解缠即走向了简易缠。

简易缠在日线、周线、月线等大级别上更好用。大级别的笔足够稳定，可直接定义本级别的中枢，不必再用本级别线段或次级别的走势类型。

在图6－12中，每一根小实线都是日线的一笔，用笔定义日线的中枢，以线段的终结规则辅判各个走势类型的起终点，再看某完成的走势里有几个中枢，即可定义出该走势的类型。

如果没有标准中枢，可以引入类中枢，从图6－12可知，不同时间段 *Ti* 对应着不同的走势类型 *Zi*，三种走势类型轮流登场表演，它们的走势结构不是a＋A＋b，就是a＋A＋b＋B＋c。

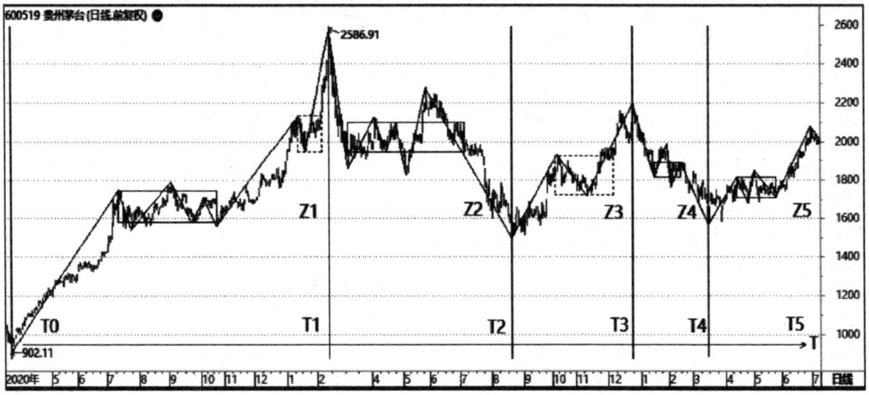

图 6－12　简易缠实现日线级别走势类型的唯一分解

有了同解缠和简易缠，随便找一张静态走势图，不管它是 1 分钟、3 分钟、5 分钟的，还是 30 分钟、60 分钟、120 分钟的，或者是日、周、月线等大级别上的图表，缠论都可以实现三种走势类型的唯一分解。

可以想象，将来任何一个动态的价格点，必然要落在某级别的某一笔上、某一个线段上、某一个走势类型里。为什么必须完成走势类型的唯一分解？因为要落实当下思想，要落实市场完全分类思想和走势终完美。

单一级别的走势唯一分解完成后，可以组合成多级别联立。缠论多级别联立式的解盘体系，犹如一张纵横交错、无所不包的大网，绝不会遗漏任何一根边边角角的 k 线，解盘的威力之大超乎想象。

缠论的解盘体系，犹如一盏高悬在暗夜里的耀眼明灯，任何一根 k 线都会被照见，追求完美主义的解盘者一定会非常喜欢缠论的。

07　分解唯一，多级联立

交易实战必须洞察全局，又不失细节处理。所谓顺大逆小，蕴含着大小级别相配合思想。缠论多级别联立能够立体性地观察市场，用不同级别审视全景和局部，既能盯住大目标，又可以找到精确的进出场点。

本讲重点 1：市场整体结构的唯一分解

缠论从“数”的视角，引入分段函数和递归函数等数学工具，在任一级别上，缠论都可以完成笔、线段和走势类型三层次的唯一分解。

请注意，交易者经常遭遇趋势和盘整的切换问题，比如，什么时候出现趋势，什么时候开始盘整？当下几乎无解，这就是著名的滞后性难题。

在笔的唯一分解上，分段函数的边界就是顶、底分型的顶和底，边界点至少要滞后 1 根 k 线才能回头确认。

在线段的唯一分解上，分段函数边界可用线段终结规则找到，分界线要至少滞后 3 笔才能回头确认，等到新线段成立时才能确认旧线段被终结。

在三种走势类型的唯一分解上，确认分段函数边界的滞后性更强，要等中阴阶段结束后，即第三类买卖点确认了新走势的生，才能宣告原走势的死。不同层次唯一分解的滞后性，是顺“市”而为交易思想的坚实基础。

“所谓走势必完美，就是本 ID 所给出的分型、笔、线段、不同级别走势类型所对应的递归函数，能将行情的任何走势唯一地分解。”［J101］

缠论对最强有力的唯一分解引以为豪，因为它竟然能把市场潜藏的整体结构揭示出来。

“如果是单纯地唯一分解，并不能显示本 ID 理论真正厉害之处，因为走势必完美对应的是一种最特殊、最强有力的唯一分解，这看似毫无规律的市场走势竟然有这样完美的整体结构，这才是最牛的地方。”［J102］

怎样才能让市场的整体结构呈现出来呢？单级别唯一分解势单力薄，必须构建多级别联立，类似数学的联立方程，以多角度地、立体性地、宏微兼顾地对市场走势进行跟踪观察。

本讲重点2：实现多级别联立的两大路线

实现多级别联立有两大路线，一是走原文经典的递归路线，即递归缠。二是走非递归路线，即走同级别分解的路子，包括同解缠和简易缠。

下面以五粮液的走势图为例，作出详细说明。

1. 递归路线的多级别联立

首先，要把最低级别 a1 的各走势类型唯一分解出来。虽然缠论着眼于最微细的分时成交数据，但为了更符合实战习惯，一般在 1 分钟 k 线图上进行 a1 走势类型的分解。

当然，在 3 分钟或 5 分钟图表上分解 a1 也行，只要 a1 – a2 – a3 从低到高的等级明确即可。

如图 7 – 1，每一根虚线都是 1 分钟线段，由至少 3 个线段重叠的部分定义中枢 a0，不考虑中枢扩张，1 – 2 是 1F 级别的两中枢上涨走势类型。2 – 3 归入下跌走势类型，最新的走势 3 – 4 尚未完成，且三买和二买重合。

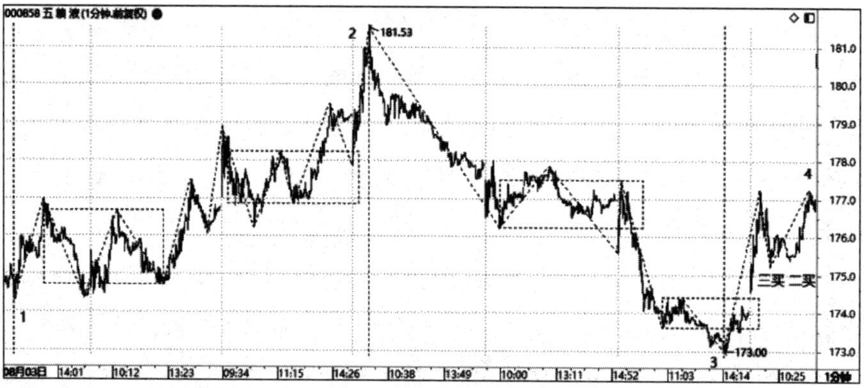

图 7 – 1 最低级别 1F 走势类型的唯一分解

其次，由最低级别 1F 走势的重叠部分，定义出更高级别 a2 的中枢及走势，可称为 5F 级别走势，显然 5F 级别和 5 分钟图表没有直接关系。

如图 7 – 2，每两根竖虚线之间都是一个 1F 级别走势类型。当引入类中枢灵活处理时，任何走势不是单中枢的盘整走势类型，就是多中枢的上涨或下跌走势类型。

每两根竖实线之间，都是由 1F 走势类型递推出的 5F 走势类型。其中，0－1 是“N”形结构，引入类中枢可归入单中枢的盘整走势。同理，1－2 也是盘整走势，2－3 是两中枢的上涨走势类型，最新的 3－4 尚未完成，它已经包含了两个中枢，可归入下跌走势类型。

最后，再根据各个 5F 走势的重叠部分，定义出 a3 级别的中枢 E，a3 级别可称为“30F 级别”，它和 30 分钟图表也没有直接关系，只有 1F 级别和 1 分钟图表是挂钩的。整张图 0－4 是一个 30F 盘整走势，4 处的价格落在中枢 E 之上，将形成第三类买点。

最终，在一张 1 分钟图表上，完成 1F－5F－30F 三级别的中枢定义及走势类型的唯一分解。可见，递归缠本身就完成了楼层式的多级别联立。

图 7－2　递归缠的级别升级与多级别联立

递归缠最符合递归函数的要求，①f1（a0）＝a1；②f2（a_{n+1}）＝a_{n+1}。当定义 a2、a3、a4……高级别的中枢时，要用到次、小级别的走势类型。

当定义最低级别 a1 的中枢 a0 时，可用本级别的线段，这不就是彻底的同级别分解吗？所以，彻底的同级别分解，即同解缠，不但没有偏离缠论的原旨，反而是递归缠的基石啊！

2. **非递归路线的多级别联立**

1）同解缠的多级别联立

把原文“顾下不管上”的同级别分解，更彻底一步推向“上下两不管”，即是获得了级别独立的同解缠。递归缠中的最小级别 a1 中枢及走势类型的唯一分解，本质就是同解缠。

没有 a1，哪来的 a2、a3、a4 呢？第一层楼都没有建好，怎么去建第二层楼、第三层楼呢？有人上来就学递归缠，对同解缠技法基础不清楚，终落得事倍功半，耗时耗力学不通。

同解缠的级别和周期一一对应，它把图 7－2 中的 3 个级别一分为三，各自进行走势类型的唯一分解，巧妙地避开了递归缠遭遇的中枢升级难题，碰到超大的中枢延伸和中枢扩张，不是升级而是拆分成本级别的中枢，形成“盘整＋盘整”走势的连接即可。

如图 7－1，可知 1 分钟级别的走势类型本身就是独立分解的。因为假定它是最小级别，逻辑上不再存在更小的级别。

如图 7－3，在 5 分钟图表上进行 5 分钟级别的走势的分解。Z1 是下跌走势，Z2、Z3、Z4、Z5 根据中枢的个数可归入盘整或趋势类型。用 5 分钟图表分解的 5 分钟级别走势，与图 7－2 用 1 分钟走势递推出的 5F 级别走势几乎一样。只是 5 分钟图表的颗粒度更大，显微镜倍数更小。

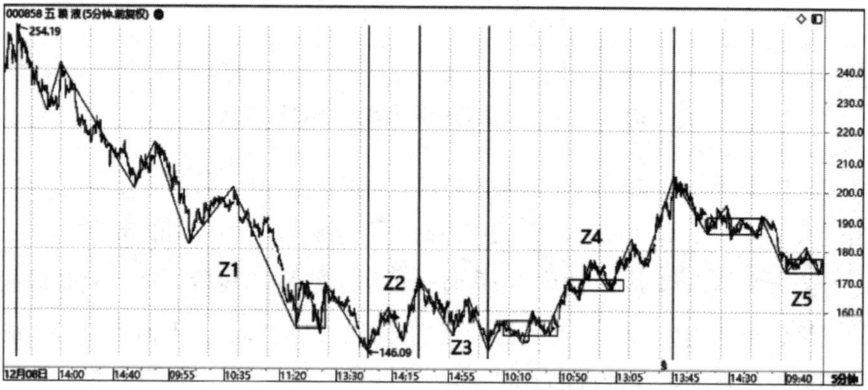

图 7－3　同解缠用 5 分钟图表，把 5F 级别的走势独立出来

接下来，在30分钟图表上用线段定义30分钟级别中枢，以完成30分钟级别走势的唯一分解。图7－4可分解成“上涨＋下跌＋盘整”3个走势的无缝连接。

图7－4　同解缠用30分钟图表把30F级别独立出来

同解缠实现多级别联立方便，把获得独立的1分钟级别走势、5分钟级别走势、30分钟级别走势统统摆出来，形成并列式的多级别联立，像爷爷、儿子、孙子间的关系一样，各级别既有独立性，又有内在的联系。

2）简易缠的多级别联立

简易缠是同解缠的进一步升华，重神轻形。定义中枢更加自由灵活，用线段、笔及二者的混搭都行。类中枢和盘整背驰后的类似第一买点都承认。

在图7－5日线图表上，可分解出Z1、Z2、Z3和Z4 4个走势类型。Z1只有一个标准中枢，可引入类中枢归入上涨走势类型。Z2是盘整走势，Z3是两中枢上涨走势，第二个中枢是奔走型的中枢。Z4中枢A和B形成扩张中枢，但合并处理反而节奏不清晰，不如把它们和C并列成3个中枢，归入下跌走势类型。

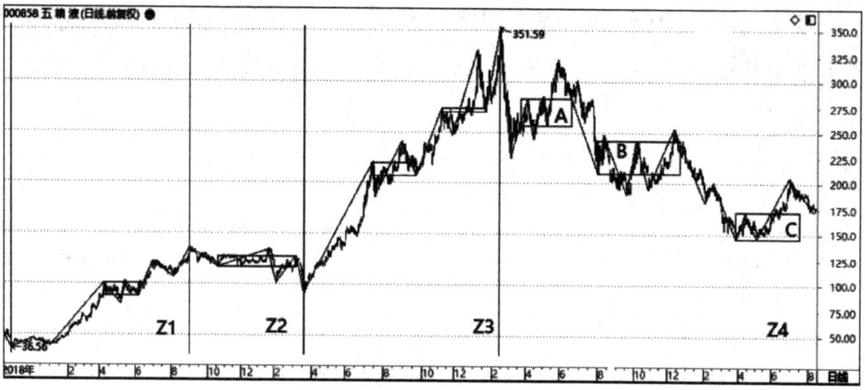

图 7 -5　简易缠对日线级别走势的唯一分解

如图 7 -6 周线图上，高点 351. 59 左侧的走势类型只有一个标准中枢，按定义归入盘整走势没问题，但如此巨大的涨幅，还说是盘整违背人之常情。

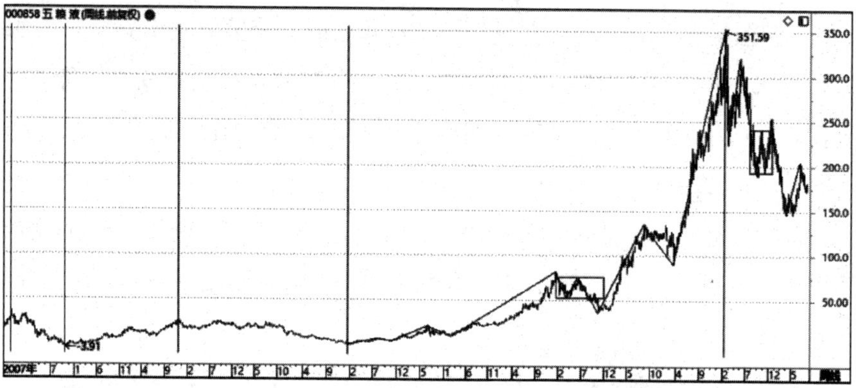

图 7 -6　简易缠对周线级别走势的唯一分解

如图 7 -7，是月线周期级别的图表，目前只存在一个上涨走势类型。最新价格处在第三类买点的位置上。

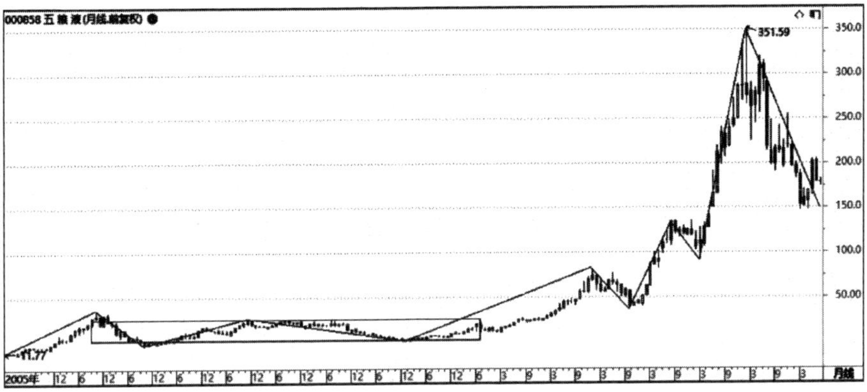

图7－7 简易缠对月线级别走势的唯一分解

简易缠更契合缠论的精神，缠师说只有忘掉中枢之类的概念，站在重重叠叠的走势中，能当下形成清晰的直觉时，才算是初步合格的阅读者。

简易缠的多级别联立和同解缠一样，都是并列式的多级别联立。月、周、日、小时的各级别走势，可以任意组合，多角度地观察行情。

本讲重点 3：多级别联立与区间套

要体会多级别联立的妙处，必须先把级别搞清楚。

“因此，级别在本 ID 理论中就极端关键了。为什么？因为本 ID 的递归函数是有级别的，是级别依次升大的。所以，搞不明白级别，根本就不明白本 ID 的理论。”［J102］

确定级别的方式有两种，一种是不与 k 线图时间周期相挂钩的递归，另一种是与 k 线图时间周期一一对应的同级别分解。

多级别联立是递归函数的必然推论，递归缠用一张图表构建出 3 个级别，本身就是三层楼式的多级别联立，没有 1F 就没有 5F 和 30F。3 个级别你中有我，我中有你，纠缠在一起。

同级别分解的多级别联立，是爷爷、儿子、孙子三代人式的多级别联立。各级别之间既有独立性，又有内在的联系。

多级别联立构筑成当下观景台，从多个角度观察走势的整体结构演化，可以全方位、无死角地解析任何一根 k 线、一笔、一段和一个走势类型。

“那么，这样一个整体结构有什么厉害的结论呢？这可以推演的东西太多了，随便说一个，就是区间套方法的应用。如果市场走势没有本 ID 所揭示的整体结构，那么区间套是不会存在，也就是没有操作意义的。因此，区间套的方法，就是走势必完美的一个重要的应用。有了区间套，买卖点的精确定位才有可能，也就是说走势必完美的存在导致了买卖点可以精确定位，这显然是操作中最牛的一种方式了。”［J102］

区间套是极强的实战技法，可用大级别定目标，用小级别找精确买卖点。因为所有大级别的三类买卖点，都可以转化为次、小级别的第一类买卖点，所以区间套的实战应用可依此展开。

比如，以日线级别的三买一笔为利润目标。三买一笔的起点就是上一笔回撤的终点。那么，上一笔回撤的终点如何精确地找到？区间套。

可以用 30 分钟图表观察上一笔回撤的内部结构，如果发生盘整背驰或趋势背驰，则 30 分钟的第一买点就是日线三买一笔的起点。

如果想找到更精确的进场点，可再用一次区间套。

可以用 5 分钟或 1 分钟图表放大 30 分钟最后一笔，找到背驰及一买后再入场，此时的进场点一旦正确，几乎就在最低点附近。

08　三鼓而竭，背驰力泄

在笔、线段和走势类型三层次的唯一分解基础上，再形成多级别联立后，缠论形态学这部分内容就完美地构建成功了。另一块重要内容是动力学部分。形态学和动力学不可独存，两大纲要一显一隐，一有形一无形。

本讲重点 1：动力学与背驰

缠论原文指出，若不说动力学，则无法谈背驰，没有背驰，则无法定位第一类买点。更不可能用类背驰判断中枢震荡的高抛低吸点。

“本 ID 的理论，本质上分两部分，一是形态学，二是动力学，当然三就是两者的结合。如果按正式的课程，那肯定要先讲形态学。但如果不说动力学，那至少背驰是没法讲了，然后中枢震荡也不可能用类背驰的方法去判别，第一类买卖点也无法说了。而所有买卖点，归根结底都是第一类买卖点，那这样，要把形态学和动力学都说完，才说第一类买卖点，估计所有看的人都会晕倒。”［J72］

形态学和动力学是缠论的两大纲要，各自都有清晰的内容。

“所谓形态学、动力学，其实很好分辨，任何涉及背驰的，都是动力学的范围，背驰是动力学的基本点之一。另外，中枢、走势的能量结构之类的东西，也属于动力学。而形态学，就是中枢、走势类型、笔、线段之类的东西。”［J72］

动力学中最重要的内容还是背驰，什么是背驰呢？

原文说“在前后两个同向趋势中，当缠中说禅趋势力度比上一次缠中说禅趋势力度要弱，就形成‘背驰’”。［J15］

可知，背驰必须由三要件组成：前一段同向的走势，中间一段参照物，后一段同向走势构成的背驰段。原文说“没有趋势，没有背驰”。后又提出类背驰、盘整背驰等概念，有必要对背驰的概念彻底梳理一番。

如果中间一段参照物是标准中枢，后一段离开中枢的走势力度比前一段进入中枢的同向走势更弱些，后一段就是背驰段，则“中枢背驰”成立。

如果中间一段参照物是类中枢，后一段离开中枢的走势力度比前一段进入中枢的同向走势更弱些，后一段就是背驰段，则“盘背”由此成立。

如图 8－1，以中枢 A 为参照物，离开中枢的 b 段比进入中枢的 a 段力度大多了，b 段不是背驰段。以中枢 B 为参照物，观察到 c 段力度比 b 段要弱些，c 段就构成了背驰段，则 c 和 b 发生了“中枢背驰”。

继 c 段走势之后，以回撤段 d 为参照物，比较 e 段和 c 段的力度，发现 e 段的力度明显减弱，e 段构成了背驰段，则 e 和 c 发生了“盘背”。

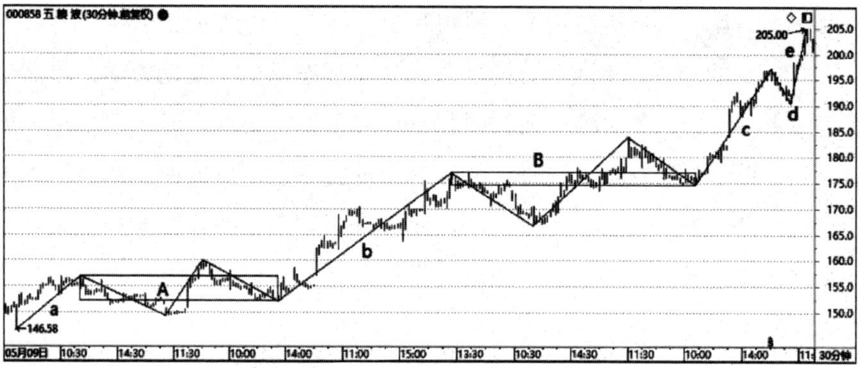

图 8－1 中枢背驰和盘背

要把“盘背”和“盘整背驰”搞清楚。我们约定“盘背”和“中枢背驰”是一对概念，二者区别在于参照物不同，盘背的参照物是类中枢，中枢背驰的参照物是标准中枢。

“盘整背驰”和“趋势背驰”是一对概念，原文说“没有趋势，没有背驰”强调发生在涨、跌趋势里的背驰才算真正的背驰。在单中枢的盘整走势里，背驰发生后反转的概率不高，只能称之为类似背驰的“盘整背驰”。

有了这两对基本的概念，再看到“线段类背驰”“盘背”“类背驰”等词就明白了。博主后来也承认盘整背驰的实战意义。一是在中枢震荡区间可确定高抛低吸的买点，二是可以利用周、月线大级别上的盘整背驰抄历史大底。

本讲重点 2：如何判断背驰？

判断背驰信号有三种方法：

第一种方法，比较前后两个同向走势段的力度大小。

如图 8－1，直接比较 e 段和 c 段力度大小即可。碰到不易肉眼直观判断出强弱的前后走势段，可利用第二种方法。

第二种方法，比较 MACD 红绿柱面积大小。

在图 8－2 上证指数月线图上，先经过 a 一笔下行，随即逆锋起笔几番曲折后构成中枢 A，直观对比 b 段和 a 段的力度不易判断是否背驰，可观察 MACD 对应的绿柱面积 s1 和 s2，发现 s2 面积较小，由此判断出 b 段的力度不如 a 段强，b 段形成了背驰段，产生了中枢背驰信号。

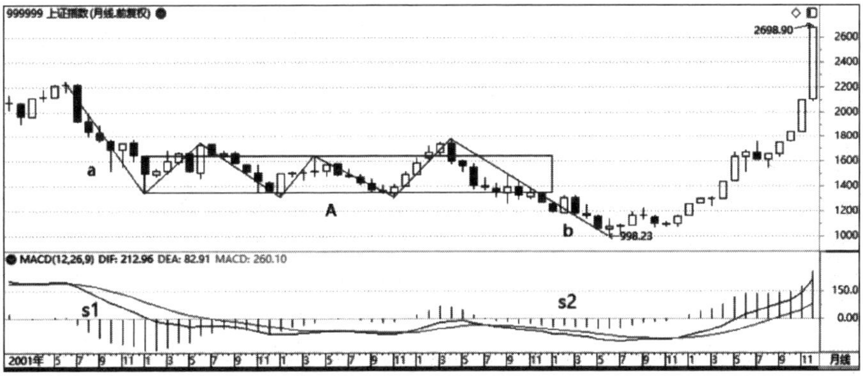

图 8－2　利用月线大级别的盘整背驰抄历史大底

图 8－2 是只有 1 个中枢的盘整走势，这个“中枢背驰”从走势类型角度看也是“盘整背驰”。在周、月大周期上可根据盘整背驰抄历史大底。的确在 998.23 点背驰信号之后，一轮 A 股历史上最大的牛市开始启动，从 2005 年 6 月的 998.23 点一直上涨到 2007 年 10 月的 6124 点。

第三种方法，利用 MACD 黄白线的背离。

如图 8－3，高点 3731.69 暴跌后形成中枢，计划做中枢震荡的低买，精确的入场机会就在下一笔回撤结束点 1 处，到底会回撤到哪里止跌呢？

除了参考中枢的 ZD 位置，还可用小级别的盘整背驰找到精确的入场时机。

观察小级别 15 分钟图表图 8－4，主图价格从 1 到 2 继续创新低，而副图 MACD 黄白线低点 3－4 却在抬升，形成价格和 MACD 背离的现象，由此判断产生了盘整背驰。则 3384.70 附近的底分型就是要找的绝佳时机。

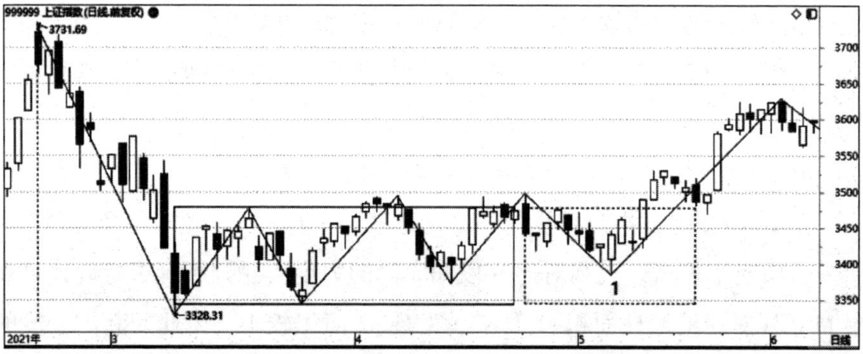

图 8－3　日线中枢震荡区间的低吸机会

图 8－4　用 15 分钟盘整背驰找精确的入场时机

本讲重点 3：背驰的级别与转折力度

1. 背驰的级别

背驰的级别不可能大于当下走势的级别，只能等于或小于当下走势级别。背驰的级别等于当下的级别容易理解；小于当下级别的，是特指小转大现象。如图 8－5，离开 B 中枢的 c 段和 b 段相比力度更强，并没有形成背驰段，但随后却产生 30 分钟本级别走势的转折，这该怎么解释呢？

是因为c段内部发生了小级别的背驰！由小级别背驰引发大级别转势的现象称为“小转大”。正是由于小级别背驰引发的反向力量的累积，可能导致大级别的转势，才使得市场充满当下的生机。

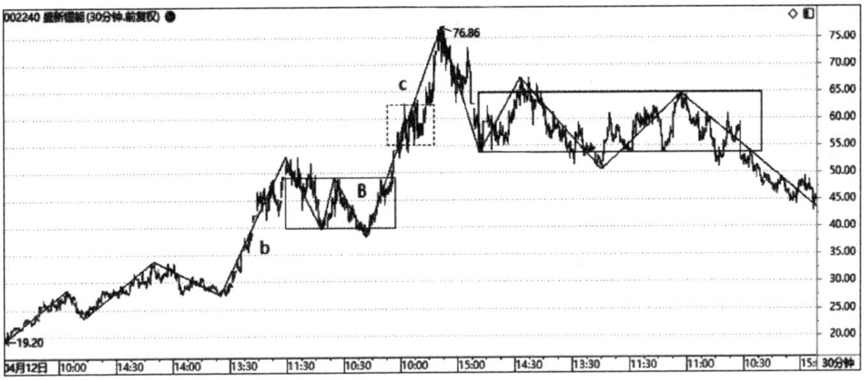

图8－5　小级别背驰引发大级别的转势

2. 绝对性假设陷阱

为了澄清分析逻辑，且引用几段缠论原文。

“缠中说禅背驰－转折定理：某级别趋势的背驰将导致该趋势最后一个中枢的级别扩展、该级别更大级别的盘整或该级别及以上级别的反趋势。”［J29］

“对于5分钟级别趋势发生背驰的情况，那这个5分钟级别的趋势里所具有的中枢都是5分钟级别的，假设共有N个，显然，这个$N\geq2$。考虑最后一个中枢的情况，最后的背驰段，跌破该中枢后，该背驰段显然是一个1分钟以下级别的走势，否则就和该中枢是5分钟级别趋势的最后一个中枢的前提矛盾了。该背驰段出现第一类买点发生反弹，显然，该反弹一定触及最后一个中枢的DD = min（dn），也就是围绕该中枢震荡的最低点，否则，如果反弹连这都触及不了，就等于在下面又至少形成一个新的5分钟中枢，这与上中枢是最后一个矛盾。”［J29］

“这是一个十分重要的定理，这定理说明了什么？就是某级别的背驰必然导致该级别原走势类型的终止，进而开始该级别或以上级别的另外一个走势类型。”［J43］

走势只有下跌、盘整和上涨三种类型，要探讨三种走势类型间的交替性，因为股票市场是先买后卖，缠论自然从下跌走势的结束点开始探讨转折问题。

此时，假设谬误的陷阱出现了！

引文说“考虑最后一个中枢”，“某级别的背驰必然导致该级别原走势类型的终止”，“某级别趋势的背驰将导致该趋势最后一个中枢的级别扩展、该级别更大级别的盘整或该级别及以上级别的反趋势”。

博主先设定了一个绝对性假设：当下中枢就是最后一个！

请问，你怎么知道就是最后一个中枢的？谁能保证当下走势一定结束？

如果不是最后一个中枢呢？缠论说中枢新生的情况和我的假设相矛盾！不予考虑。

在探讨行情时，可以暂时不予考虑相反的情况，但交易者经常面对不是最后一个中枢的背驰信号，该怎么处理呢？

如果不是最后一个中枢，就没法保证背驰后必然导致原下跌走势类型的终止，缠论的“背驰－转折定理”的绝对性观点立即崩塌！

好比说，看到一笔上涨后顺着 k 线向左寻根溯源，一定能在拐点处找到底分型。但当时在那个底分型买入，却不一定能马上开启一个上行笔。

类似地，看到上涨走势类型后，一定能在转折处找到背驰信号。但当时那个背驰信号出现后，却不一定能开启一个新的走势类型。

马后炮式的必然性，只有上帝才能保证的绝对性假设，让学缠者亏损得莫名其妙，还以为自己功夫不够。

3. 转折的力度

必须把假设漏洞补全，既要考虑发生背驰的中枢是最后一个，又要留心该中枢不是最后一个的可能。从绝对性假设变成相对性假设，把“背了又背”的情况一并思考。

此后再探讨“背驰－转折定理”中转折力度的不同演化，才合乎股民的真实处境。这等价于探讨一买后的各种演化可能，将在下一章详细说明。

本讲重点 4：背驰与走势的终结方式

缠论原文说，某级别的背驰必然导致该级别原走势类型的终止，进而开始该级别或以上级别的另外一个走势类型。这种论点过于武断，或者必须先假定发生背驰的中枢是原趋势的最后一个中枢才行。

即从当下看，绝不能看到背驰信号出现，就立即断定原趋势一定结束了。但从后一个新走势回头看它与前一个走势的分界处，一定可以找到背驰信号。即使不能找到本级别的背驰，也一定能找到次、小级别的背驰信号。

根据前后两个走势分界处的背驰特征，可把前一个走势类型的终结方式分为四种。

第一种，是中枢背驰。

以一个下跌走势的终结为例，该下跌走势的最后一个中枢是标准中枢，而且产生了背驰及第一买点，这种终结方式称为中枢背驰，随后将接续一个盘整或上涨走势。如图 7－3，下跌走势 Z1 最后一个中枢产生了背驰及 146.09 处的第一买点，随后被盘整走势 Z2 替代了。

第二种，是盘背。

如图 8－1 中，该上涨走势的最后一个中枢是类中枢，且 e 段和 c 段以 d 段为参照产生了盘背信号。盘背及第一卖点宣告上涨趋势的可能终结，事后看这种终结方式即盘背。

而图 8－2 和图 8－4 中的背驰是围绕标准中枢的“中枢背驰”，因为它们发生在盘整走势里，故可称之为“盘整背驰”。

第三种，是中枢无背驰。

中枢无背驰是指前后两个走势之间，并没有发生背驰信号，而且直接由一个中枢连接着新旧两个走势。图 7－4 中 146.09 附近直接由一个中枢连接前一个下跌走势和后一个盘整走势。

第四种，是小转大。

小转大的终结方式，是因为小级别背驰引发的反向力量不断积累，造成了本级别的转势。如图 8－5 所示，即是小转大。

本讲重点5：背驰的心理依据

缠师指出，行情走势所反映的人性贪嗔痴，以及多空心理不是虚无缥缈的，多空力量的变化必然呈现在图表结构变化里。缠论动力学不可能独立存在，我们可以通过观察形态学结构，去体会市场多空力量的兴衰胜败。

如图8－6，从高点215.70开始的a段走势是空头第一次击败多头，尽管多方随后大力反击，但经过中枢A内的三次较量后，空头对多头发起更猛烈的第二次打击，b段的跌势更加流畅，力度也比a段增强了。

随后多空拉锯战形成中枢B的修整区，但空头力量似乎还没有泄尽，以c段走势第三次打压多头。三次打击之后空方力量几乎释放殆尽，产生围绕中枢B的背驰段c。随后陷入绝境的多头第一次大反攻开始，形成第一个有利的买入位置，即146.09附近的第一买点。

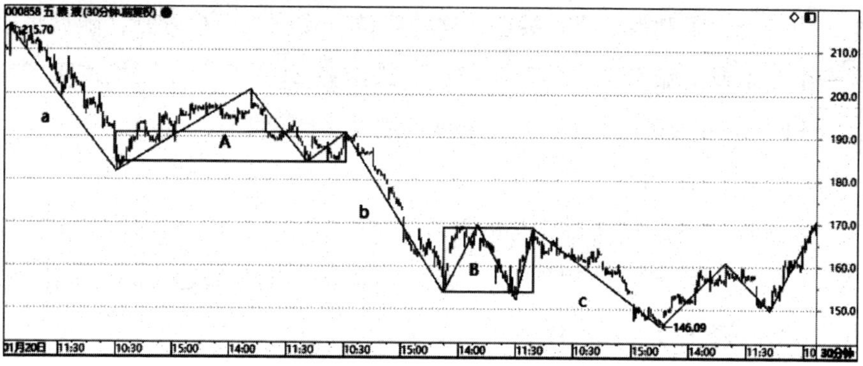

图8－6　下跌走势中背驰信号的三鼓而竭

“一鼓作气，再而衰，三而竭。”第一次击鼓提振了士气，再次击鼓士气就不如第一次，第三次击鼓勇气就枯竭了。所谓“事不过三”，市场走势演化中的“三鼓而竭”的背驰现象具有深层次的心理意义。

博弈的多空双方你攻击我一程，我回击你一段，在来来回回几次交战中，占据优势的某一方力量终究会消耗殆尽，行情的掌控权会被对手剥夺，三种走势类型在当下观景台上轮番称王，此下彼上，新生旧死。

09　一二买点，富贵在险

市场完全分类目标，已落实在笔、线段和走势类型三层次的唯一分解里，市场完全分类似乎更偏向于走势唯一分解后的静态结果。“走势终完美”的著名口号，则提醒股民要重视行情演化的动态过程，要从三种走势类型的轮番上台表演中，抓住一闪而过的三类买卖点。

从三种走势类型交替的角度看，如果找到下跌走势的终结点，后面不是盘整走势，就是上涨走势，不管哪一种走势上台都有利可图。

本讲重点 1：背驰与第一类买点

第一类买点，回头看是下跌走势与随后盘整或上涨走势类型的分界点，是第一个最有利的买入位置。

“因为某种类型的走势完成以后就会转化为其他类型的走势，对于下跌的走势来说，一旦完成，只能转化为上涨与盘整，因此，一旦能把握下跌走势转化的关节点买入，就在市场中占据了一个最有利的位置，而这个买点，就是前面反复强调的第一类买点”。[J17]

如图 9－1，自高点 64.05 后的 a 段是第一次空头打压，第二次空头打压的 b 段力量最为猛烈，随后双方拉锯纠缠构成中枢 B，c 段是中枢 B 的背驰段，显示了空方力量的三鼓而竭，由中枢背驰可找出图上的一买。

在第 08 讲的“绝对性假设陷阱”里，我们知道博主探讨背驰及一买时，先假定发生背驰的中枢是下跌趋势的最后一个，这假设除了上帝无人能保证。博主还似乎无意间把这个假设前提，掖在袖里不谈了，像根本不需要它一样。

粗心的读者望文生义，误以为第一类买点是稳赚不赔的圣杯。如果不能避免“背了又背”的情况，则第一类买点就仍潜藏着抄底的风险。

丢掉背驰信号及第一类买点的绝对性假设前提，非但不是否定背驰信号，反而可用背驰信号找到第一个可能的有利买入位置，即第一类买点。丢掉了绝对性，拥抱相对性，背驰及第一类买点才能获得新生。

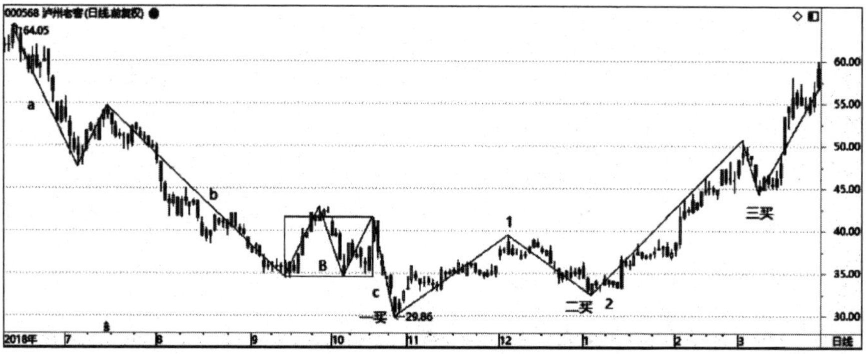

图9-1 趋势背驰及第一、二类买点

本讲重点2：第二类买点

第二类买点，是第一类买点出现后第一次次级别回调制造的低点，它是第二个有利的位置。

“而因为无论是趋势还是盘整在图形上最终都要完成，所以在第一类买点出现后第一次次级别回调制造的低点，是市场中第二有利的位置，为什么？因为上涨和盘整必然要在图形上完成，而上涨和盘整在图形上的要求，是必须包含三个以上的次级别运动，因此后面必须还至少有一个向上的次级别运动，这样的买点是绝对安全的，其安全性由走势的‘不患’而保证，这，就是在前面反复强调的第二类买点。”［J17］

如图9-1，由趋势背驰确定出第一类买点，一买之后是一个次级别反弹，接着一个次级别的回撤低点跌不破第一类买点，则它就是第二类买点。显然，第二类买点也不是100%安全的，除非上帝保证一买必成功。

第二类买点也和背驰信号有关系，它通常是由次级别的盘整背驰找到的。第二类买点和类二买，本质是围绕中阴震荡区间的低吸高抛，可利用次级别盘整背驰找到更精确的次级别一买，它同时也是本级别的二买及类二买。

如图9-1，根据1-2标记的次级别走势的盘背信号，可精确定位次级别的“类第一类买点”，它同时也是本级别的二买。本级别第一类买点之后的第一次回撤里，不容易产生趋势背驰，盘整背驰或线段类盘背更常见。

在不违背缠论的根本精神下，大胆承认线段类盘背或盘整背驰后的买点是“类第一类买点”，能极大地提高缠论的普适性。若进一步引入类中枢、同解缠和简易缠，缠论的实战性更无人能及。

如果固守缠论精确的数学定义、严格的定理原理、复杂的递归路线等，缠论学习起来会无比困难，无法利益广大股民。接下来第一、二类买点的演化案例，多是从同解缠或简易缠分析的。

本讲重点3：第一、二类买点的演化

如图9-2，因为没有人能当下保证中枢B就是最后一个，即无法断定下跌走势一定就在背驰点结束，所以要做好一买失败的准备。本图实际走势也是在背驰段c出现后，随后的反弹力度极弱，形成中枢B之下的三卖。

原文在探讨背驰转折时，直接将图9-2这种风险排除在假设之外，你先假设风险不存在了，随后当然可以宣称三类买点都是100%安全的。

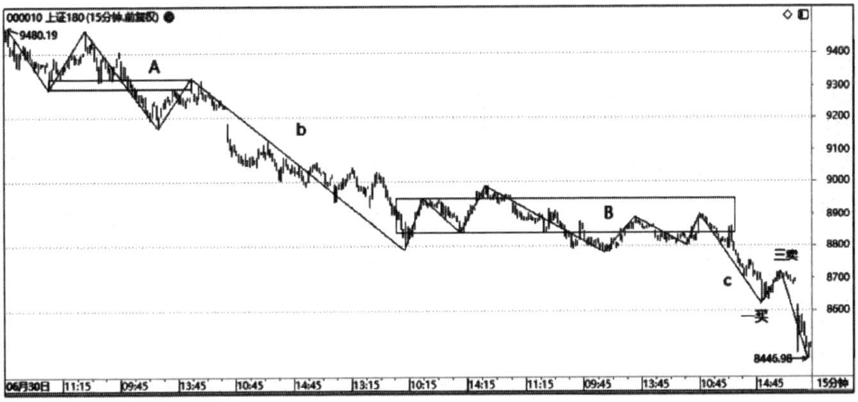

图9-2　背驰及第一类买点之后出现三卖

如果引入类中枢，图9-3从高到低可归入下跌走势类型。从a到e各段走势的力量依次减弱，c对b第一次形成盘背，d对c再次形成盘背，等到e对d第三次形成盘背后，才找到真正的“第一类买点”。

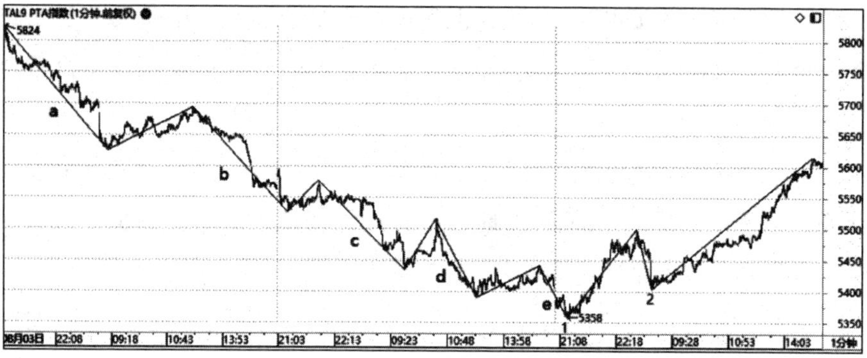

图 9－3　“背了又背”的风险不可避免

考虑了背驰及一买失败的可能性后，可大胆探讨假设背驰成功后的演化，即是“背驰－转折定理”的三种情况：某级别趋势的背驰将导致该趋势最后一个中枢的级别扩展、该级别更大级别的盘整或该级别及以上级别的反趋势。

如图 9－4，c 段和 b 段围绕中枢 B 产生了背驰及第一类买点，随后的 1－2 反弹无力进入中枢 B 区间，2－3 的回撤形成了二买，3－4 冲进中枢 B 区间，造成最后一个中枢的扩展。

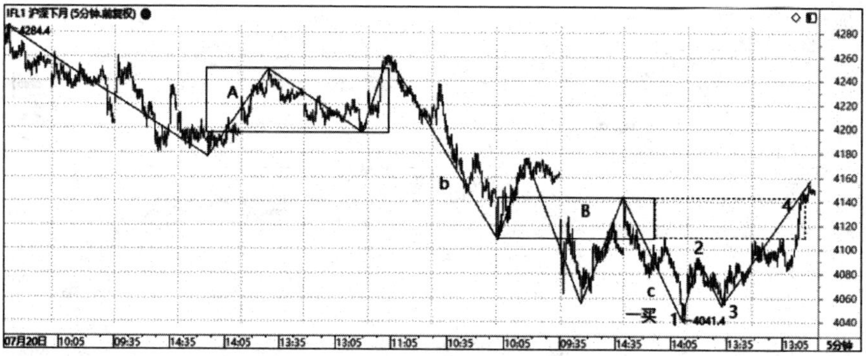

图 9－4　一、二买后形成中枢扩展

图 9－5 是中枢扩张的情形。b 段和 c 段围绕中枢 B 形成背驰之后，1－2的反弹无力进入中枢区间，紧接着中枢 C 的 GG 和中枢 B 的 DD 有重叠，则中枢 C 和中枢 B 上下联手形成更大的中枢扩张联盟，导致最后一个中枢升级，成为更高级别的中枢盘整走势。

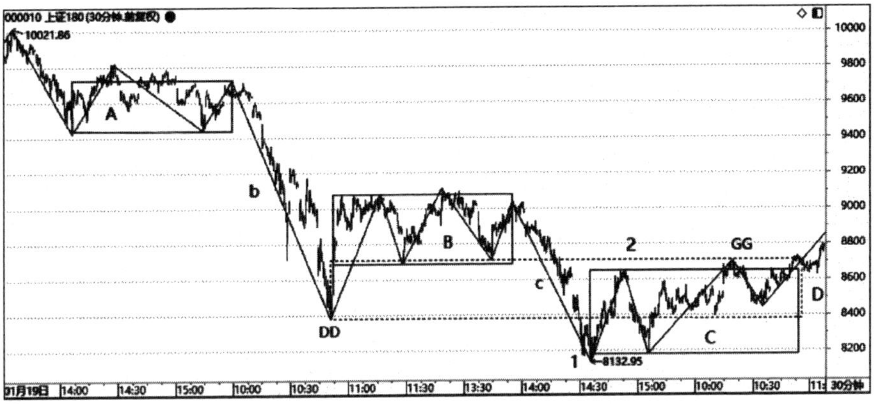

图9-5　一、二买后形成中枢扩张与升级

图9-6是标准的a+A+b+B+c下跌走势结构。其中c和b围绕中枢B产生趋势背驰及第一类买点，随后1-2，2-3和3-4又重新回到中枢B区间内，构成了中枢B的延伸。

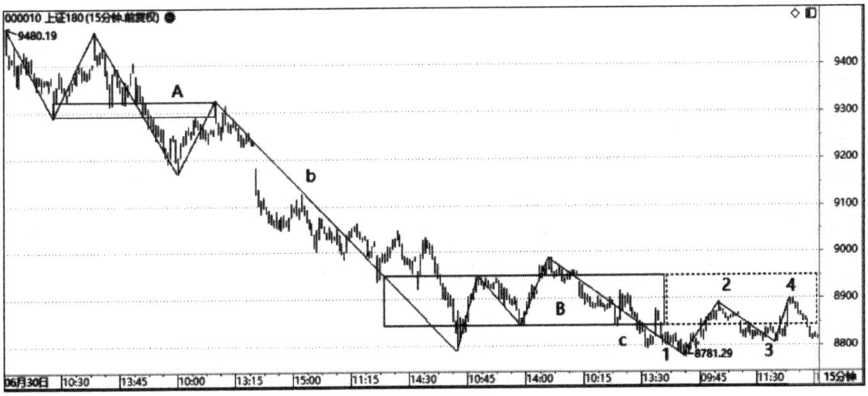

图9-6　一、二买后形成中枢延伸

再看背驰后形成高级别盘整的情形。如图9-7，由c和b围绕中枢B产生的背驰找到4处的第一类买点，一买后第一次回撤不破一买低点而形成6处的二买。一、二买后的延伸中枢B内超过9段次级别走势，则中枢B升级成高级别的中枢B′，构成了高级别的盘整走势。

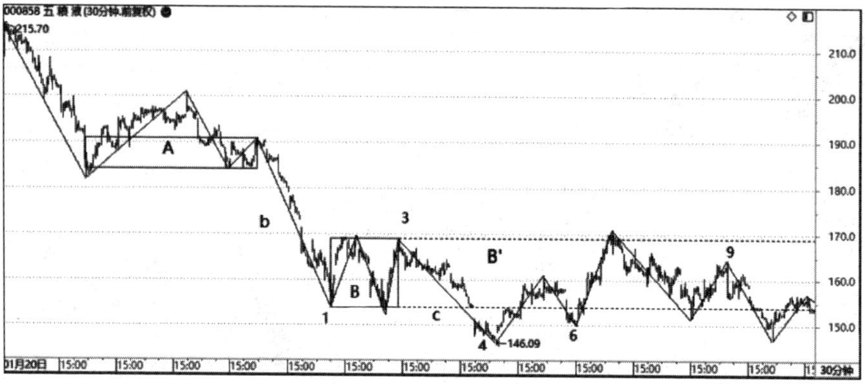

图9－7　背驰及一买后演化成高级别的盘整走势

图9－8和图9－9是趋势背驰引发了本级别的强势上涨趋势。

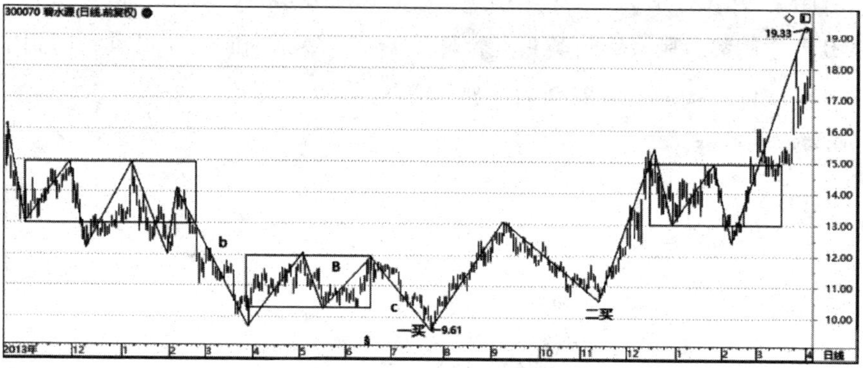

图9－8　背驰及一买后演化成本级别的上涨趋势1

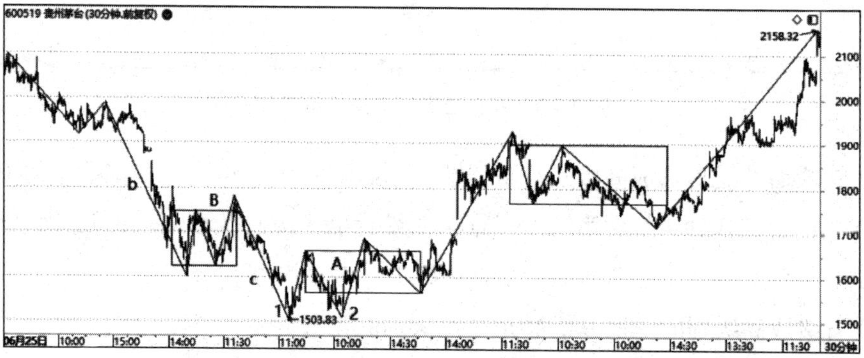

图9－9　背驰及一买后演化成本级别的上涨趋势2

背驰－转折定理分类描述的最强转折走势，是在背驰及第一类买点后引发了更高级别上涨趋势。

图9－10中，易知c和b产生了盘背，引入类中枢后把Z1定义为下跌走势类型，利用同级别分解技法，把整张5分钟图表唯一分解成“Z1下跌＋Z2盘整＋Z3盘整”3个同级别走势类型的连接。

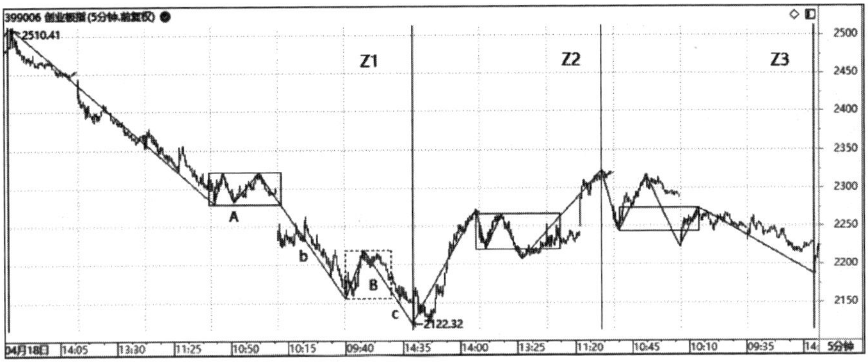

图9－10　本级别走势类型的唯一分解

图9－11中每根小虚线都对应一个5分钟的同级别走势，它们重叠的部分构成30分钟中枢A′、B′、C′，形成30分钟级别的上涨走势类型。

图9－11　本级别背驰引发了高级别上涨

在5分钟级别趋势背驰及一买后，演化成30分钟高级别的上涨趋势，相当于小级别一买和高级别一买重合了。

本讲重点 4：第一、二类买点的抄底性

为什么说第一、二类买点有抄底性质？因为当下走势尚不明确。

“如同众生的轮回生死，在死与生之间，有一段被称为中阴的阶段，股票的走势，同样存在着这个阶段。如果说前一个走势类型的背驰或盘整背驰宣告了前一个走势类型的死亡，那么到新的走势类型确立，这里有一个模糊的如同中阴般的阶段。”［J88］

背驰或盘整背驰并不能当下确认原走势的死亡，原走势还有复活的可能。如果从背驰及第一类买点之后，行情果然反转了，则第一类买点和第二类买点就是抓住新走势的两个最有利的位置。

第一、二类买点处在中阴阶段，而中阴阶段本身具有两可性，因此根据第一、二类买点入场必然有风险。

“注意，一定要注意。为什么很多人逃了顶，最后还是被套住了；抄了底，最终还是没赚到钱，被震出来了。这就是被相应级别的中阴阶段给搞死的，而且，越大级别转折后的中阴阶段，越能搞死人。”［J88］

中阴阶段的风险与生俱来，提高熟练度后也不能完全避开。也不必畏惧中阴阶段，中阴阶段都表现为不同级别的盘整，可采用高抛低吸手法处理它。虽然中阴阶段的发展走向尚不明朗，但操作规则是非常明确的。

根据买点定律，所有的买点都可以归结到第一类买点。即使以高级别的二买、三买为介入目标，为了找到精确的入场时机，也似乎避不开次小级别的第一类买点。

如果有深谙人性者，在众人恐慌时贪婪，敢于在第一买点及第二买点处逆流而上，虽然入场时心惊胆战，一旦占据最有利的位置，持仓稳如泰山，可谓富贵险中求。

10　第三买点，新势在前

缠论最著名的买点有三类，第三类买点是继一、二买后又一个有利的买入位置。

本讲重点1：第三类买点

缠论始终没有丢掉“数”的视角，第三类买点也有精确的数学定义。

“一个次级别走势类型向上离开缠中说禅走势中枢，然后以一个次级别走势类型回试，其低点不跌破ZG，则构成第三类买点；一个次级别走势类型向下离开缠中说禅走势中枢，然后以一个次级别走势类型回抽，其高点不升破ZD，则构成第三类卖点。”［J20］

由定义可知中枢延伸不可能产生第三类买点，只有中枢新生和中枢扩张时才能产生第三类买点。

“何谓底部？这里给出精确的定义，以后就不会糊涂一片了。底部都是分级别的，如果站在精确走势类型的角度，那么第一类买点出现后一直到该买点所引发的中枢第一次走出第三类买卖点前，都可以看成底部构造的过程。只不过如果是第三类卖点先出现，就意味着这底部构造失败了，反之，第三类买点意味着底部构造的最终完成并展开新的行情。当然，顶部的情况，反过来定义就是。”［J108］

从背驰及第一类买点开始的中阴阶段不会产生第三类买点，一个次级别走势离开中阴震荡阶段后，其后的回撤又能站稳在该中枢区间之上，才构成第三类买点。“三买出，中阴无”，第三类买点宣告了中阴阶段结束。

如图10－1，趋势背驰及第一买点之后，第一次回撤不创新低形成二买，第二买点开启一个次级别走势的拉升，其后的回撤站稳在左侧中枢之上，则形成第三类买点。

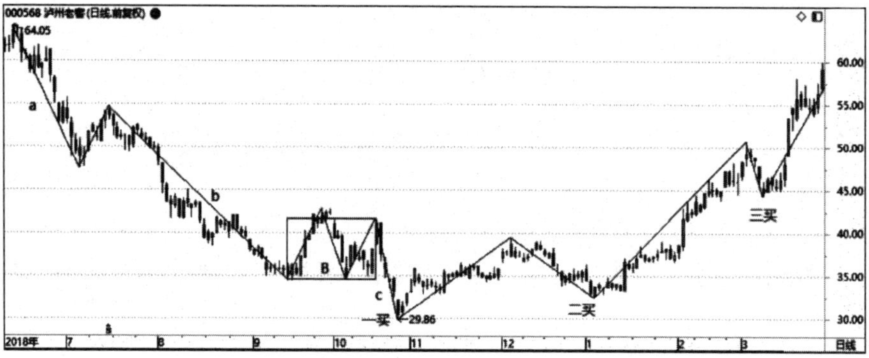

图 10－1　第三类买点

如果背驰及一买后的转折力度极为强大，会出现二买和三买的重合，图 10－2 中，低点 3. 96 后多头展开一笔强劲的上攻，第一次回撤站稳在左侧中枢之上形成三买。逻辑上不能只有一买、三买却没有二买，故可认为三买处还携带着二买，二买和三买重合在一起了。

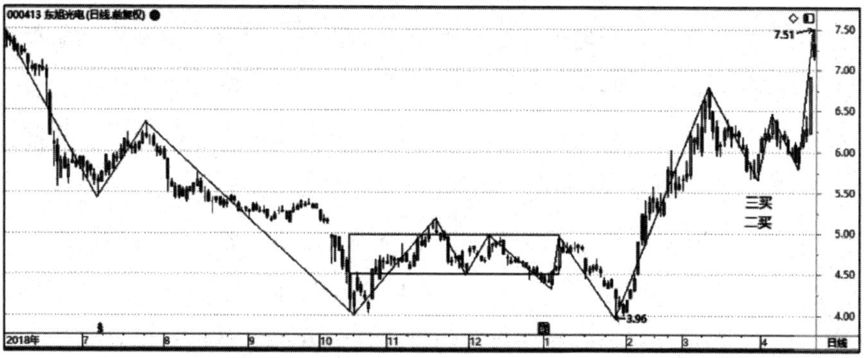

图 10－2　二买和三买重合

一个下跌走势结束后，接续下跌的首先是盘整走势类型，如果盘整走势再新生一个同向的中枢，则下跌后接续的就是上涨趋势。可见，上涨趋势是从单中枢的盘整走势萌芽里长高出来的。

在一个新的盘整走势类型确立后，才有机会形成第三类买点，所以说“第三买点，新势在前”。

本讲重点 2：第三类买点的演化

完全分类，是缠论最拿手的思考模式，也是数学分析思维的显著特征。第三类买点后的演化路径，按照转折力度的强、中、弱，也分为三大类讨论。

如图 10－3，一买、二买及类二买都在中阴阶段，类二买是低吸高抛的区间价差操作点。类二买发起上攻的第一次回撤，站稳在中枢之上形成三买，本例中三买的力度太弱了，很快就被吸回到中枢区间内形成了扩展中枢。

图 10－3　三买后演化成中枢扩展

如图 10－4，三买后形成中枢 B，中枢 B 的 DD 和中枢 A 的 GG 有重叠，此种情况称为中枢扩张，上下两个中枢联手成为更大的中枢联盟，升级成更高级别的中枢盘整走势。

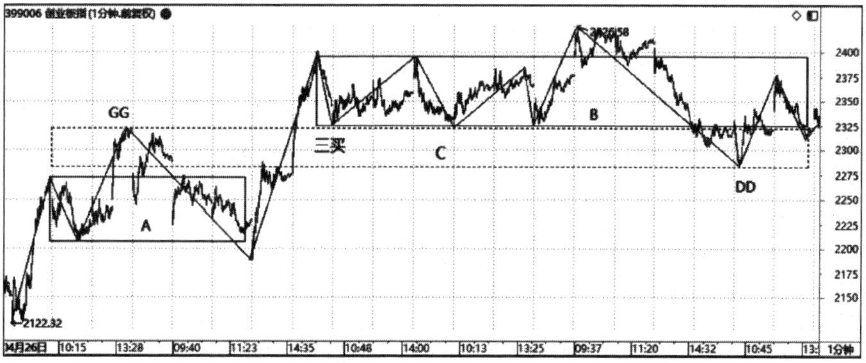

图 10－4　三买后演化成中枢扩张

如图 10－5，三买之后 c 段力度比 b 段弱很多，形成盘背信号及一卖，

1 -6 以三次下跌节奏形成反向的下行线段。

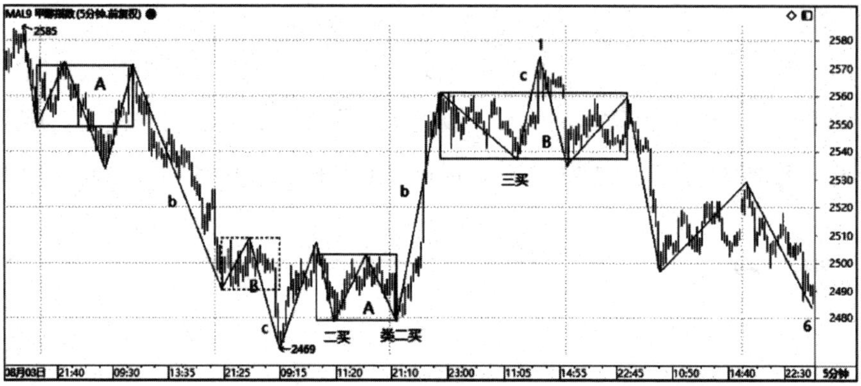

图 10 -5　三买之后行情走弱

图 10 -6 是“三买又见三买”的强势运行状态。中枢 A 之后又新生一个同向中枢 B，离开中枢 B 的次级别走势依然强劲，第一次回撤后站在中枢 B 之上，第二个三买由此产生，强势行情的三买可能不止一个。

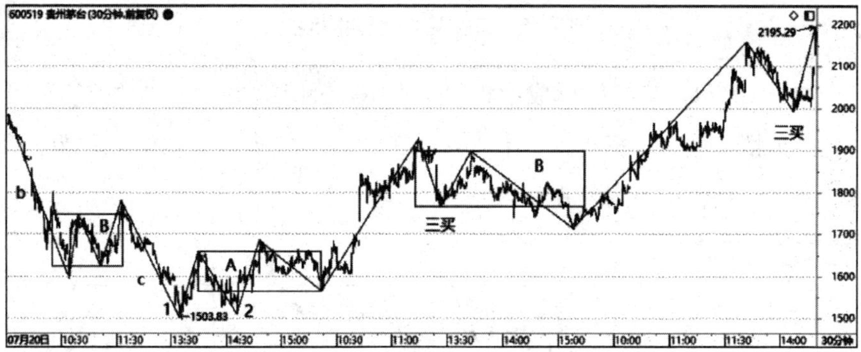

图 10 -6　“三买又见三买”的强势运行

如图 10 -7，中枢 A 和中枢 B 确立了上涨走势。离开中枢 B 的第一次回撤站在中枢之上形成第二个三买，三买后的反弹式微，无力创新高且又回撤至 3 处，构成了第三个中枢。随后 3 -6 和 6 -9 构成中枢延伸，因为次级别走势超过了 9 段，第三个中枢升级成 30 分钟的中枢 C。

图 10－7　三买后演化为高级别的盘整走势

行情不可能一直持续强势，图 10－8 第二个三买后创新高至 2195.29，d 段和 c 段形成盘背及第一类卖点，一卖之后第一次反弹 2－3 无力触及上面的中枢区间而形成三卖。3 处的三卖宣告了原上涨趋势的中阴阶段结束。三卖之后的行情进入纠结状态，形成下行走势中的第一个反弹型中枢。

图 10－8　“三买又见三买”后，演化成下行走势

搞清楚级别至关重要，不光是缠论强调级别的重要性，任何做交易的人都要分清楚大小级别的节奏。有些小级别的第一类买卖点，同时也是高级别的第一类买卖点。

如图 10－9，三买之后形成第二个中枢，构成两中枢的 60 分钟级别的上涨走势类型，趋势背驰信号及第一类卖点之后，行情一路毫无抵抗地下跌，以 60 分钟级别的独立走势为基本节奏，开启了一轮周线级别的下跌走势。

图 10－9　本级别三买后见顶并演化成高级别的转势

总结起来，背驰及一买后的演化是从下跌走势开始的，其后要么是盘整，要么是上涨走势。三买之后的演化至少要从一个盘整走势开始。

如果行情不能继续走强，则①形成中枢扩展或中枢扩张，或者②形成更大级别的盘整。如果行情极度虚弱，则③会演化成下跌走势类型。

如果行情能继续走强，并产生第二个中枢，则会形成一个上涨走势类型，在极度的强势行情里，可以形成多个第三类买点。

当上涨走势类型结束后，则①可能会形成高级别的中枢盘整。②形成本级别的下跌走势类型。特殊地，③由该下跌走势引发高级别的下跌走势。

本讲重点 3：三类买卖点的比较

可从以下角度比较三类买卖点。

1. 中枢的位置

第一类买点，肯定在中枢之下。第二类买点的位置比较灵活，可在中枢之下、之中或之上，当二买和三买重合时，二买的位置在中枢之上。

第三类买点必在中枢之上，三买可以有多个，可以落在第一个中枢之上，也可以落在第二个或第三个中枢之上。

2. 背驰的类型

严格地说，只有趋势背驰才能产生第一类买卖点。不过缠论也渐渐承认盘整背驰产生的“类第一类买点”有巨大的交易价值。

二买和三买通常是由次级别盘整背驰引发的。某些次级别走势的内部，只有一个“N”形的线段结构，此时可根据盘背信号找出精确的二、三买时机。

3. 趋势的顺逆

第一买点是抓物极必反的抄底机会，背驰信号可以辅助判断第一买点，但不能保证第一买点必然成功。第二买点继第一买点之后，仍处在行情不明的中阴阶段，也可以归入抄底策略中。

三买前面至少有一个盘整走势，它属于顺势而为的买点。三买如果成功可能会加速上行，具有极高的短线操作价值，是缠师推荐的两种效率最高的操作方式之一。

该如何选择呢？观察正在表演的走势类型，你若望其生，可顺势而为做三买，以锦上添花助其生；你若盼其死，可逆势而动做一、二买，以反向发力速其亡。

特别说明，缠论三类卖点的定义及演化，与前文三类买点的分析相类似，不同之处在于持币和持股的心理状态，就不赘述了。

在多级别联立中，从大到小的区间套和从小到大的级别升级，都离不开单一级别走势的唯一分解及三类买卖点。搞定单一级别的演化及三类买卖点，多级别联立也会迎刃而解。

中 篇

洞察思想

11 安身立命，不确定性

真搞明白了上篇的解构体系，在实战中必能游刃有余。中篇的裸露思想要继续深入挖掘缠论的逻辑思想，要想彻底通透缠论，活学活用缠论，必须了解这部分内容。

本讲重点1：缠论的思想源头

缠论的思想源头是佛学！开门见山，一语道破。

相信熟悉缠论的人会有同感，只要读两遍缠论的原文，就应该看见过“炒股票就是真正的学佛”“贪嗔痴慢疑”“当下”，以及“中阴”“缠中说禅”等佛学味浓厚的词句。

只有证明博主心中的确有佛，而非简单地引用几位佛学名相，或误打误撞地说着暗合佛学的词儿，才能说缠论的思想源头是佛学。因此，先要了解“缠中说禅”博主其人。

“缠中说禅”博主的真实身份到底是谁？一般认为缠师是李彪先生，但神龙见首不见尾，此说法尚未得到确切证实。

我们只能通过“缠中说禅”的博客文章去了解他。大致浏览一下“缠中说禅”博客，很快会发现博主是个通才，诗词、音乐、历史、经济、中医、数学似乎无所不知，其文其思显示出深厚的儒释道文化底蕴。

博主文采一流，提笔作诗挥洒自如：

“万古长空春复秋，一朝风月乍星流。乱峰深处斜阳下，木落花飞愁自愁。”

“扬眉便是声前句，触目无非末后关，莫作禅思深处会，云生空际幻斑斓。”

读者通过欣赏博主的诗文，能强烈感受到博主文字里内含的绵绵禅意，又似乎曲高和寡，欲言又止。

博主还是个填词的好手。在《怨妇词》系列中，词境幽怨，斯人孤寂。可见“秋露，秋露，秋去冬来难住。星明星暗雾凝，三处四处鸟鸣。鸣鸟，鸣鸟，闲愁万般不了”。

最脍炙人口的是《临江仙》，该词气势磅礴，意境旷远，实乃大丈夫之心境，曾在万千缠迷中间广泛流传。

“浊水倾波三万里，愀然独坐孤峰。龙潜狮睡候飙风。无情皆竖子，有泪亦英雄。长剑倚天星斗烂，古今过眼成空。乾坤俯仰任穷通。半轮沧海上，一苇大江东。”

博主还解读过论语呢，在《〈论语〉详解：给所有曲解孔子的人》中，博主把标点一移，断句一改，立即阐发出新意。

比如，“子曰：朝闻道，夕死可矣”。博主认为应是：“子曰：朝闻道夕死，可矣。”并强调“死”是承担、固守之意，人闻道后可不能马上就死了，要敢于荷道而行，死心塌地固守道，最终以行圣人之道。

有一篇《缠中说禅：缠非缠、禅非禅，枯木龙吟照大千》的佛学文章，文风多如“逃缠作禅，守禅成缠，以学问、实践为禅者，古今多矣。焉知禅者，非学问即学问，非实践即实践，非知即知，非行即行，非心即心，非物即物乎”。

再如，“禅者，即迷非迷、即缠非缠，非悟即悟、非解即解。求解脱者无解脱、不求解脱者也无解脱，因解成缠、因悟成迷。所谓顿悟者，非顿悟而名顿悟”。

还有一篇《陈建民〈小大乘修空及密乘大手印、大圆满、禅宗辨微〉之辨微》的文章，如果是既没深入研读过佛典，又没做过实际功夫的读者，看这些文章简直是如耸孤峰，无可攀缘，完全不知所云。

再读读“教你打坐”系列文章，可看出博主不但深研佛理，还有一定的实证功夫。

以上事实足以说明缠师的心中有佛学，现在把缠论的思想源头指向佛学，并非笔者高推其境，牵强附会地过度引申。

本讲重点 2：佛学观事物的三大维度

佛学并不是远离日常生活的抽象理论，佛学观世间万物有三大根本维度，即变化性、和合性与寂静性。

1. 变化性

事物的变化性最容易直观感受到，而且无所不在。

看一下办公室的电脑、书籍、手机、水杯等日常用品，电脑会变旧变慢，书籍会破损，手机会更新换代，杯子会碎掉，这就是变化性。

环顾外面的绿草、红花、小狗、江流等，绿草会枯黄，红花开谢不常在，小狗会长大，河流水位有高低，这也是变化性。

反观人自身，旧爱成新仇，富人变穷，穷人逆袭，起起落落，浮浮沉沉。这仍是变化性。

推及山川大地，日月星辰，穷极宇宙之浩瀚，洞察人心之幽深，都是刹那变化的。一切事物，不管是物质的，还是精神的，其形态、数量、内质、形势等都会发生改变。

可见，变化性果真无处不在。佛学认知事物的变化性维度就在生活中，无须稀奇古怪地玄谈妙论，变化性是可以理解并观察到的。

2. 和合性

深观万事万物，在直观地把握住了变化性后，不禁进一步追问：万事万物又是从何而来呢？都是由众多条件聚合而成的，自己不能形成自己，这就是和合性。

比如，一张桌子由桌面和桌腿构成，一束花由红花、绿叶组合而成。不能凭空突然有一张桌子，开一朵花。一个人有眼、耳、鼻、舌、身等有形器官，还有无形的思想感受，是物质和精神两方面聚合而成的。

再如，一朵玫瑰花娇艳欲滴，请问，花儿为什么这么红？

有人从生物学角度，会给出一大堆专业术语的解释；有人从光学的角度，又可能给出一个简短的科学普及；有人从文学的角度，会咏唱它是用了青春的血液来浇灌的。

不管是哪一种解释，它们都有个共同的特点：花红必有因。不是玫瑰自己想红就红，玫瑰花能红是其他条件配合而成的。

推及万事万物也都是因缘和合而成的，自己决定不了自己。如果可以独立自生，则花儿想红就红，想绿就绿，人想高就高，想矮就矮，是何等地荒谬啊？

3. **寂静性**

也称“寂灭性”，但寂灭性一词容易引起误解，让人以为寂灭就是死灭、不存在了。真正的寂静性非言语可说，只能通过类比去体会它。

以看电影为例，电影里的人物、声音、环境及酸甜苦辣感受都是变化的。如果把电影画面暂停一下，也能明白电影画面是和合性的，的确找不到一块可以孤立独存的图像。电影画面固然是变化不实的、多种色彩要素合成的，但电影屏幕呢？

非佛学思想认为“假必依实”，他们承认电影是虚幻的，但电影屏幕是真实不变的，否则电影画面怎么能生鲜地呈现出来呢。同理，万事万物的背后必有不变的、绝对性的存在。哲学上称之为本体，基督教称之为上帝，其他宗教称之为神。

佛学深观万事万物的本质，发现“假必依实”思想不对。若假象之外另有绝对的存在，它必是可孤立独存的，恒常不变的，有主宰性的。然而我们却无法证实有这样的存在者。

比如脱离电影画面的幕布，还是电影屏幕吗？没有屏幕，电影画面的确呈现不出来。二者是要有俱有、要无俱无的“对法”，就像手心、手背一样谁也离不开谁，互为因果，相互依存。

六祖大师在《坛经》开示说：“以明显暗，以暗显明，来去相因，成中道义。”佛学的中道思想和外道的“假必依实”思想是不同的。

变化性、和合性与寂静性是佛学观世间的三大维度，亦即三大法印：诸行无常、诸法无我和涅槃寂静。生活中的任何人人事事，都可用三大法印观照。接下来我们看，缠师是如何把佛学三大思想与炒股融合在一起的。

本讲重点 3：缠论体系的三大纲要

佛学观察事物的三大维度，有无所不包的普适性。股票市场是万法之一，当然可以从三大维度去思考炒股的问题。

读者可能会感到缠论的思想高深莫测，但又说不清道不明。个中缘由是缠论体系的三大纲要，接引了佛学的三大思想维度。如果读者对佛学变化性、和合性和寂静性不了解，缠论的高深莫测感就拿不掉。

1. 缠论形态学

博主说："本 ID 的理论，本质上分两部分，一是形态学，二是动力学，当然三就是两者的结合。"［J72］

形态学和动力学是缠论的两大显性纲要："所谓形态学、动力学，其实很好分辨，任何涉及背驰的，都是动力学的范围，背驰是动力学的基本点之一。另外，中枢、走势的能量结构之类的东西，也属于动力学。而形态学，就是中枢、走势类型、笔、线段之类的东西。"［J72］

最新价在刹那间不停地跳动着，笔、线段、中枢和走势类型也跟着变化，变化中会生长出各级别的自同构走势，形态学就是研究自同构的变化规律的。

佛学深观万法的变化性，缠论形态学研究价格的变化性，现在把缠论的形态学纲要与佛学的变化性维度对应起来，应该不会太突然。

2. 缠论动力学

价格变化的轨迹是如何产生的呢？缠论认为是当下合力的结果。

无论是政策、心理还是消息等，都只是一个个分力而已。分力假借着买卖单汇聚成盘口的多空合力，多空两大阵营对垒在一档或五档行情阵地，多空的一次碰撞就产生一个最新价。

分力变则合力变，合力变则轨迹变，轨迹变则走势也要跟着变。这说明市场走势不能主宰自己，全由当下合力说了算。合力又得看分力，分力呢，又来自贪嗔痴，亦非自生。市场中的一切，都是和合而成。

缠论动力学研究的背驰及多空能量结构的变化，以及提出人性贪嗔痴的合力说，高度契合佛学的和合性思想。

3. **缠中说禅**

缠论形态学和缠论动力学并蒂花开，价格形态的背后必然有合力推动，合力不呈现在价格形态上，谁能证明合力的存在?

一张图必有一张图的性格，必有与众不同的气势，有的行如溪水清流，一步三回眸；有的动如高山瀑流，凶悍犀利之极。形态是表象，内里是力势。“念念成形，形皆有识。”一表一里，并蒂花开本同根。根是什么？即是缠中说禅。形态学和动力学两大显性纲要还仍在“缠”中，更深邃难知的是第三大隐性纲要：以“缠”指向的“禅”。

尤其是用递归缠解盘时，多级别缠在一起测量市场，大小级别不断切换，市场走势又变化莫测，让人感觉像是处在一团乱麻中，缠人极了又脱身不得。由此看，缠论就是“缠”论。

但缠论大小级别的分析逻辑极其严密，如果学得好用得活，多级别联立反而是巨大的优势。由此看，若缠论不再缠人，缠论就是“禅”论。

“在某个阶段，你可能会形成这样一种感觉，你如同站在重重叠叠的走势连绵中，而当下的趋向，仿佛照亮着层层叠叠的走势，那时候，你往往可以忘记中枢之类的概念，所有的中枢，按照各自的级别，仿佛都变成大小不同的迷宫关口，而真正的路只有一条，而你的心直观当下地感应着。说实在，当有了这种市场清晰的直觉，才算到门口了。那时候，就如同看一首诗，如果还从语法等去分析，就如同还用中枢等去分析一样，而真正的有感觉的读者，是不会计较于各种字句的纠缠的，整体的直观当下就呈现了，一首诗就如同一自足的世界，你当下就全部拥有了。市场上的直观，其实也是一样的。只要那最细微的苗头一出来，就当下地领悟了，这才算是对市场走势这伟大诗篇一个有点合格的阅读。”[J33]

这段精彩无比的文字，指向了形态学和动力学背后的第三大隐性纲要：缠中说禅。只有丢掉形态学和动力学的显性规则，才能脱缠解缚，契合缠师手指所向的当下直观。明说“缠”论，暗说“禅”论，缠师在明说暗表中就把佛学和炒股融为一体了。

本讲重点 4：市场不确定性本质

以佛学的三大维度深观市场，立即能看出：市场的本质是不确定性。

令人敬畏的市场也是身不由己的，不是它想怎么走就怎么走，一切还得看合力的脸色。合力也不能自己主宰自己，还要看分力，分力的背后是人性贪嗔痴在起作用……

多空观点因分歧而碰撞，呈现出一阴一阳的轨迹，就是一正一反的笔，就是一上一下的线段，就是轮流表演的三种走势类型。行情沿着阻力最小的线路当下行进，并没有什么神秘的力量能预先操纵水流的轨迹。

博主说上帝式思维是人类贪婪所制造的幻象。因为贪婪，才想寻求一种预测性的上帝式的指标或模式，才试图去找到一个确定性的“万能拐杖”，在市场中财源滚滚而且一劳永逸。

行情在时间和空间的演化上，最深邃的本质就是不确定性。一旦把缠论美轮美奂的解盘体系安放在市场不确定性本质上，缠论的地基将安如磐石，再用缠论实战时此心可安。

关于市场观，一是相对性的市场观，一是绝对性的市场观。

相对性市场观，是契合佛学三大思想维度的市场观。承认和合性，就是承认市场是合力的结果；承认变化性，就不会陷入预测陷阱里；承认寂静性，就能超越盘面的纠缠，淡化交易的盈亏，获得心灵的自由。

绝对性市场观，认为市场是恒常、独立、有主宰的。行情走势背后似乎有一只无形的大手操纵着，如果猜测到主力的意图就能获利，让人不知不觉地走向预测的死胡同。而且一旦预测错误还非常难以纠错，产生死扛的心理，潜藏着巨亏或爆仓风险。

绝对性市场观是上帝式的确定性思维，与佛学不确定思维是根本相悖的。缠论刚开始明白指出市场是不可预测的，这冷静又实事求是的观点，还没有落地生根，竟然话锋一转说第一买点是 100% 安全的。这让试图一夜暴富的股民激动不已，夜以继日地啃读晦涩如蜡的原文。

空口无凭，原文为证。如有偏差，请您指正。

1. 从三类买点是100%安全的观点看

原文说："这里必须强调的是，这三类买卖点，都是被理论所保证的，100%安全的买卖点。所谓100%安全的买卖点，就是这点之后，市场必然发生转折，没有任何模糊或需要分辨的情况需要选择。"[J21]

既然三类买点是绝对安全的，只要能学会熟练使用缠论三类买点，市场自然没有风险。"一笔足够多的钱+本ID理论的熟练运用=战无不胜。市场，哪里有什么风险？"[J26]

市场没有风险，还要止损干吗？缠论说："本ID理论，从来没有任何止蚀之类的无聊概念。有什么可止的？三大卖点，给三次机会，加上不同级别的，机会N多，你都没反应，等到缺胳膊少腿才去止蚀，那是有病，回火星去吧。"[J86]

有了这么完美的理论，本金的大小根本就不重要，只要根据资金量选好操作级别，该级别上所有走势都在意料之中。要是自己操作错了，被卷进相反的走势里，缠论告诉我们："这种情况下，只有一种选择，就是用最快的时间退出。注意，这不是止蚀。"[J34]

"市场交易，不能完全建筑在或然上，这市场的绝对必然性，是交易中唯一值得信赖的港湾。可能有人要反驳说，世界上没有绝对的东西。那么，世界上没有绝对的绝对性又是哪个上帝所保证的？"[J21]

你看，若承认三类买点是100%安全的，就不再有风险，不需要止损，如果一不小心亏损了，注意，钱没了也不叫止损，那是在消除恐惧磨炼自己。让读者感觉似乎存在着一劳永逸的圣杯，这是确定性的、绝对性的市场观。

2. 从三类买点不是100%安全的观点看

博主指出："任何一个位置介入都存在风险，而且除非行情走出来了，否则即使是最简单的均线系统，也没人能事先百分百确认究竟采取怎样的方式去吻。熟悉笔者所解的《论语》都知道，风险是'不患'的，是无位次的，任何妄求在投资中的绝对无风险，都是痴心妄想。"[J12]

而且"本ID曾多次强调，风险对于市场是绝对的，任何时候都在风

险之中”。［J48］

博主还进一步指明第一买点和第二买点的风险来源。“但必须指出的，并不是说这两个买点一定没有风险，其风险在于：对于第一个买点，把中继判断为转折，把背驰判断错了；对于第二个买点，把转折判断成中继。这些都构成其风险，但这里的风险很大程度上和操作的熟练度有关，对于高手来说，判断的准确率要高多了。”［J12］

为什么第一类买点会有风险呢？

博主深入剖析说：“而在任何一个走势的当下，无论前面是盘整还是趋势，都有一个两难的问题：究竟是继续延续还是改变。例如，原来是在一个趋势中，该趋势是延续还是改变成相反的趋势或盘整，这样的问题在当下的层次上永远是‘不患’的，无位次的。任何宣称自己能解决这个两难问题的人，就如同在地球上宣称自己不受地球引力影响一样无效，这是任何面对技术图形的人都必须时刻牢记的。”［J17］

风险由市场不可预测性导致，谁也不知道下一个走势是延续还是改变。为什么走势是不可以预测的？因为市场是合力推动的，合力一变走势就变了。而合力本身是没有上帝在背后预先决定的。

“更重要的是，基本面上的因素，也是合力的结果。政治、经济等方面，哪个不是合力的结果？现在的世界政治经济格局，就是众多合力的结果，一个国家里的就更是这样了。很多人思维一根筋，总是假设政策是一个上帝，是不需要合力的，里面没有各种利益的斗争，所有结果都如同一个预设的机器给出的。所有一般意义上精确预测的理论，实质上都是以类似的一根筋思维为前提的。比前面这些更深刻的，站在哲学的角度分析，预测也是一个分力，就如同观察者本来就被假定在观察之中，所有观察的结果都和观察者相关、被观察者所干预。以观察者为前提，预测也是同样的方式介入被预测的结果之中。正如同量子力学的测不准原理，任何关于预测的理论，其最大的原理就是测不准。”［J68］

你看，若承认三类买点不是100%安全的，则必须考虑止损，必须丢掉确定性的预测思维，会走向不可预测的、不确定性的、相对性市场观。

我们从缠论原文的表述里，竟然走向两种截然不同、矛盾对立的市场观。两大市场观在缠迷头脑里发生混战，不断摇摆的理论根基晃动着持仓单，亏损时，因为贪求必须盈利而死扛；盈利时，因为惧怕不确定风险而微利离场。

缠论宣称第一买点没有风险，但产生亏损却是事实，奇怪的是事实没有胜过原文的观点，学缠者老觉得是自己没读懂缠论，只能怪自己生性驽钝。正如《迷了歌》所唱的："是你自己天分浅，可别赖缠师没指点。唉，都怪上天不疼咱，咋生个榆木疙瘩，还不挂榆钱儿。"

缠论原文中对立的文字表述，让不少学缠者不但没有学缠的欣喜，反而对自己心生怀疑、看轻自己、哀叹郁闷。（请注意，缠论原文的文字表达白玉有瑕，但缠论内在的逻辑毫无问题。）

既然已承认贪嗔痴慢疑的合力无主宰，又承认了自同构形态的变化无常，为什么不干脆捅破市场的本质是不确定性呢？

如果愿意把缠论大厦的地基，从两大思想的交叉带迁移到不确定性之内，就为缠论的解盘体系找到了安身立命之处。再使用缠论技法时，三类买卖点包赚不赔的想法被彻底丢掉，对盈亏的结果也欣然接受了。

正是这么一点点位移，一定会发生翻天覆地的变化，缠论这艘豪华游轮才能彻底摆脱港口的羁缚，在不确定的股市大海里遨游。

本讲重点5：概率思考的两大法宝

光认识到市场的不确定性本质还远远不够，必须落实到具体操作中去。概率性思考，是市场不确定性的必然推论。

假如一个人买入股票后，坚定地认为这笔交易必然会盈利，一定要赚钱后才离场，如果浮亏就死扛，反正亏损也只是暂时的。这不是概率性思考，这是绝对性思考。

假如另一个人买入股票后，觉得可能会亏损，因为行情是不确定性的，亏损也是正常的，他注意控制风险，行情走坏了就砍掉，这是概率性思考。

几年前曾有一位朋友来交易室看盘交易，他的准确率能高达60% ~

70%，过段时间一看还亏了不少钱，原来他虽然准确率较高，但每次赚点小钱就走，浮亏时就说再看看，还找一堆持仓的理由。等到浮亏额大得受不了，或信心崩溃时再被迫砍仓。他用赢小亏大的模式做交易，胜率再高也救不了他。

有长期胜算的交易模式，必须协调好准确率和盈亏比两个因素，它们是概率性思考的两大法宝。

有的人天生盘感好，准确率高，入市后很快就能盈利。因为准确率高，哪怕每次只赚点小钱，只要截断大亏损就可以最终获利。这类天才型交易者多集中在短线交易领域。

大多数盘感一般的人，更适合走高盈亏比的路子。往中长线风格靠拢，靠交易模式中的概率胜算立足于赢家行列。

比如，做缠论日线三买一笔。用日线底分型或次级别区间套精确入场后，止损控制在半根 k 线内，一旦成功能吃 5 ~ 6 根日线，盈亏比在 3 ~ 5 倍是正常的。要是运气好可做到 8 ~ 10 倍的盈亏比。在加杠杆的期货上，如果进场点足够精准，做到 20 ~ 30 倍的盈亏比也是可能的。

若做到 4 倍盈亏比是什么概念？意味着你 5 次交易对 1 次就能保本。若做到 9 倍盈亏比是什么概念？10 次交易做对 1 次，错 9 次也能保本。若做到 20 倍、30 倍呢？简直不用再考虑单笔的对错。前提是严格执行信号并设好止损，不能一亏损就死扛着，一死扛又掉进了绝对性陷阱里。

概率性思考，不必太在意单笔交易的盈亏，而是注意 100 次、1000 次交易的总体结果，只要总体结果能盈利就行。不再纠结一次的局部策略最优，而是注重多次的全局结果最优。

图 11 -1 是期货实盘账户曲线，在 472 个交易日中曲线非常稳健，累计盈利近千万元，年化收益 115%，最大回撤不到 7%，净值 3.3 左右。

在图 11 -2 中，可见其交易胜率在 45% 左右，平均盈亏比 1.8 左右。要不看账户曲线，单独看交易胜率和盈亏比似乎很一般，两大法宝配合起来的盈利能力当属一流高手了。

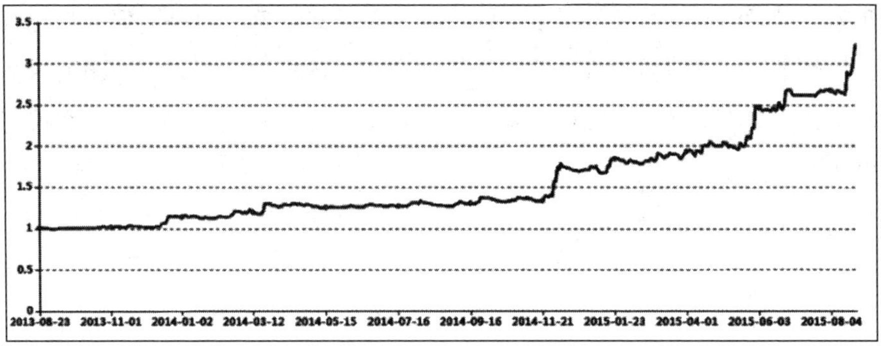

图 11－1　某账户累计净值曲线

账户统计

权益盈亏		风险统计		效率统计	
最新权益	965.49万	最大回撤	6.68%	交易周期	472 天
累计入金	102199039 元	累计盈利天数	210 天	交易手数	8693 手
累计出金	111389003.55 元	累计亏损天数	263 天	日均风险度	0.00%
累计净利润	957.69万 元	累计收益率	223.98%	交易胜率	45.32%
累计手续费	43.67万 元	年化收益率	114.51%	盈亏比	64.56%

图 11－2　某账户统计分析

交易胜率（p）不能写成 $p \in [0, 1]$ 闭区间，连续地做多次交易不可能一次都搞不对，故胜率不可能是 $p=0$，也不需要追求右边极端点的 $p=1$，追求 100% 必然性盈利，是绝对性思维的极大误区。本例中的交易胜率 $0<45\%<100\%$，不照样拥有一流的盈利能力吗？

交易胜率落入 $p \in (0, 1)$ 内，不正说明了市场的不确定性本质吗？笔者解读缠论千言万语的终极目标，就是要把缠论美轮美奂的解盘体系大厦，安放在市场不确定性的地基之上。

12 完全分类，走势完美

不否认绝对性思维偶尔也能赚到钱，甚至赚大钱，但相对性思维更适合股票市场。相对性思维里包含佛学三大维度：变化性、和合性与寂静性。

相对性思维下的不确定性市场观，应用到缠论上有三大纲要，即形态学、动力学和缠中说禅，三大纲要是一而三、三而一的体系。虽然花开三朵，但人无三舌，只能各表一枝。本讲主要谈缠论形态学，通过观察三种走势类型自同构形态的变化，能够体会到市场的不确定性本质，则不确定性从此不再是空洞的名词躯壳。

本讲重点 1：当下观景台

缠论的“当下”一词，既有时间性的朴素含义，又是形态学和动力学的呈现平台，市场的形态和量能都离不开当下平台。

1. 当下的时间性意义

“当下”是“当前此时”，不是指向过去，也不是指向未来的一段时间。专注当下极其困难，人们不是滑向过去，就是想象着未来。

交易者往往置当下最鲜活的走势于不顾，留恋已经老死了的行情走势，执着自己过时的涨跌观点，固守不合时宜的持仓头寸，反复地玩着刻舟求剑的游戏。

交易者的分析更容易僭越至未来，去预测当下尚不存在的走势，想象着市场将走出自己最喜欢的行情。“技术分析的最终意义不是去预测市场要干什么，而是市场正在干什么，是一种当下的直观。在市场上所有的错误都是离开了这当下的直观，用想象、用情绪来代替。”［J19］

走势在“过去—现在—未来”时间上变化，人心也跟着左顾右盼。当把单子抛进市场后，行情已经明显不合预期时，还固守着一腔热情的侥幸，交易行为彻底脱离盘面的事实，陷入妄想横飞的幻觉里。

2. 当下的平台性意义

一分一秒是当下，一日一周也是当下，一月一年还是当下。分析行情要先确定级别，同一段行情用5分钟级别观察和用30分钟级别观察，走势的方向可能是背道而驰的。

某个级别一旦确定好，此层的当下观景台就建成了。本级别的三种走势类型将轮番登台表演，在市场节奏交替的罅隙里，最佳的买卖时机稍纵即逝，只有嗅觉敏锐的人才能抓住它。多空合力也随着走势的推进，在当下观景台上此消彼长，明争暗斗。

递归缠在一张1分钟图表上，同时观察1F、5F、30F三级别的走势，由多级别联立形成的“当下观景台”，好比是一座横跨长江的多层望江楼。不同的楼层可以观察不同级别的水流，任一时段的水流一经过望江楼，就会被贴上笔、线段和走势类型的标签，清楚地被各级别一一定性。

缠论形态学、动力学以及缠中说禅的直觉明见性，都和当下有直接关系。等到技法精熟了，内心寂然清净时，看行情走势像用镜子照市场形态一样，瞄一眼立即就懂了。所以缠论敢霸气地说：“市场无须分析，只要看和干!”

当下的深义挖掘得越深，越能理解缠论的完全分类思想，以及引入分段函数和递归函数的必要性。

本讲重点2：缠论中的“数”

从缠论的视角看市场，首先是一连串的“数”字流，其次才是形态结构。在底层逻辑上，缠论先引入数学工具对市场数据流进行处理，再将处理结果一一对应着自同构的形态结构，以便形成肉眼可见的分型、笔、线段、中枢及走势类型等形态学内容。

数字和图表只是表相，人性贪嗔痴则是心相，数字流和图表背后的真正推动力是心相合力，而心相的“缠”与“缠”中说的“禅”不二。

传统分析理论多从市场形“象”入手，偏重经验的归纳法。缠论更偏重数学分类的演绎法，本身带有精确的绝对性倾向，所以缠论敢鄙视其他理论，宣称自己的分析具有理论上的绝对性。

绝大多数的股民喜欢看图说话，没有从数学角度看盘的习惯，也可能是缺乏足够的数学知识，好在缠论中的数并不复杂，也不必死揪着不放。

比如k线包含关系，即使没学过排列组合知识，也能理解两根k线的位置排列关系只有4种：上行、下行、前包后、后包前。

{顶分型，顶分型延伸，底分型，底分型延伸}，这4个集合元素一看图就能找到，理解起来也不难，就是想不起来从集合的角度去思考。

顶、底分型蕴含着生万物的神奇数字3，由顶、底分型及其延伸构成的严格笔，包含的独立k线不能少于5根，新笔是数字4。从3、4、5几个数字角度思考，就和博主同一个鼻孔出气了。

中枢内含的重要数字是3和9，线段最基本N结构组件也是数字3，奇数是阳数，线段要描述出走势开疆拓土的阳动生发，所以线段所含的笔数必须是奇数。

趋势和盘整三种走势类型很自然地和数字3相联系，定义走势类型是根据所含中枢的个数，中枢个数1和2又起着决定性作用。

多级别联立和区间套，也离不开简单数字2和3，超过单一个级别才能谈多级别联立和区间套。

在数学函数的引入方面，主要是分段函数和递归函数。笔、线段和走势类型的唯一分解，侧重使用了分段函数。中枢递归与级别升级巧妙地使用了递归函数。递归缠特别依赖递归函数，同解缠和简易缠更喜欢使用分段函数。当然，分段函数和递归函数也不是孤立使用的。

本讲重点3：市场完全分类

完全分类必然是对当下走势的分类处理，缠论对未来的数字流无能为力。缠论和其他技术分析一样只能随顺市场，对已落地的价格分类处理很轻松，却无法僭越市场，更不能预测市场。

市场完全分类该如何实现呢？即前后走势的分界线怎么找到呢？

有句名言说“市场是人心的函数”。很少有人会进一步思考这个函数形式是什么。博主数学的功底深厚，立即引入了分段函数。

原文说："任何的分类，其实都等价于一个分段函数，就是要把这分段函数的边界条件确定清楚。例如下面的函数：$f(X)=-1$，$X\in(-\infty,0)$；$f(X)=0$，$X=0$；$f(X)=1$，$X\in(0,\infty)$，关键要搞清楚$f(X)$取某值时的X的范围，这个范围就是边界条件。在走势的分类中，唯一可以确定的是不可能取负值，也就是从$[0,\infty)$进行分类，把该区域按某种分类原则分为N个边界条件。"[J68]

用分类函数巧妙地确定前后走势的分界线，当下和过去的边界就找到了，既实现了市场完全分类思想，又把抽象的当下和具体的走势联系起来。

市场完全分类思想，是缠论从头至尾的思考方式，融入各个解盘步骤里。单一级别上有三个层次的完全分类，分别是笔、线段和走势类型的唯一分解。

最小层次的完全分类，是笔的唯一分解，任一级别的行情都可以分解成上、下笔的正反连接。

更大层次的完全分类，是线段的唯一分解，任一级别的行情都可以分解成上、下线段的正反连接。

最大层次的完全分类，是走势类型的唯一分解，任一级别的行情都可以分解成三种走势类型的新旧交替，而且盘整和趋势分别可用 a + A + b 和 a + A + b + B + c 表示。

由单一级别组建的多级别联立，好比建筑了一个当下观景台，可对市场的整体结构进行唯一分解。不管市场如何变化，都逃不出多级别的观察视域。

有两种组建多级别联立的方式，一种是递归，另一种是同级别分解。

递归缠从最低级别出发，用最低级别的走势类型定义更高级别的中枢，中枢是小级别升级为大级别的桥梁，递归函数保证了级别升级的逻辑一致性。一张图，3 个级别，形成三层楼式的多级别联立。

同解缠将走势的级别与 k 线的时间周期挂钩，直接用本级别线段或笔定义出本级别的中枢，把递归缠混在一起的 3 个级别独立出来，一分为三，形成爷爷、儿子、孙子三代人式的多级别联立。递归和同级别分解两种联立方式都符合缠论的精神，都能对市场的整体结构形成立体性的解读。

缠论自豪地说："根据本ID的理论，市场的结构已经被彻底分解。站在本ID理论的角度，哪里有什么市场，不过是一堆关节。而机械化操作，就是逐步合于其关节的节奏，而不被全牛的繁复所影响。至于分解市场的标准是什么并不重要，也就是分类的原则并不重要，关键这分类能导致完全分类就行了。那些看不起分类的，永远只能在全牛的迷惘中可怜，咱就不带他们玩了。"［J105］

借助精确的数学工具，缠论彻底落实了市场完全分类思想，弥补了传统技术分析的模糊性缺陷，一致性的精确术语让学缠者之间的沟通更加高效。

本讲重点4：走势终完美

缠论体系有形态学、动力学和缠中说禅三大显隐纲要。形态学又可分为市场完全分类和走势终完美两条主线。

市场完全分类似乎更偏向静态的分类结果，走势终完美更加强调动态的处理过程，一静一动，一表一里。

1. **走势终完美的化静为动**

缠中说禅走势分解定理一断言："任何级别的任何走势，都可以分解成同级别'盘整''下跌'与'上涨'三种走势类型的连接。"［J17］

乍一看，这句话几乎是无用的话。谁不知道市场只有三种走势类型，关键是如何落实在实战中呢？

"由上可得到'缠中说禅技术分析基本原理一'：任何级别的任何走势类型终要完成。后面一句用更简练的话，就是'走势终完美'。这个原理的重要性在于把实践中总结出来的、很难实用的、静态的'所有级别的走势都能分解成趋势与盘整'，转化成动态的、可以实用的'走势类型终要完成'。"［J17］

从走势终完美角度看走势分解定理一，其走势三分天下的论断大有妙用。走势终完美的化静为动，把目光从市场完全分类的结果转向唯一分解的过程。一边是市场不断地产生最新价，一边是股民不断地将最新价次序井然地分类，并一一赋予笔、线段和走势类型的属性。

动态的思考过程重在考虑：当下的走势是从哪里开始的？已经出现了几个中枢？有没有发生背驰的信号？有没有经典的买卖点？当下的走势有没有结束的迹象？

走势终完美从历史及当下出发，迎接了未来的变化性。它是正在进行着市场唯一分解的、忙碌者的形象。在市场唯一分解的动态过程中，大大小小的完全分类目标也渐次完成了。

2. 走势终完美的四层含义

走势终完美，到底是什么意思呢？可从以下 4 个方面谈一谈。

第一层含义：走势终完成。

“‘走势终完美’这句话有两个不可分割的方面：任何走势，无论是趋势还是盘整，在图形上最终都要完成。另外，一旦某种类型的走势完成，就会转化为其他类型的走势。”[J17]

随便打开一张图表，实现走势唯一分解之后，观察一个个独立的走势，不是盘整就是趋势。如果是盘整至少要包含一个中枢，如果是趋势则至少要包含两个同向的中枢。

从空间结构上看，一个正在生长的走势类型，至少要长出 5 笔或 5 个次级别走势才能算成年人，若五体都还没长全，它就根本没资格以一个独立的走势类型身份登台表演。走势终完成，即一个走势类型的自同构的生长欲望不可压制，势必要完成，可谓生生不已。

第二层含义：走势必交替。

从时间生命上看，一个新走势类型一旦出生，一定会走向生命的终点，必然会谢幕而去，可谓死死不已。

走势终完成和走势必交替是走势终完美的一体两面。一个是从生的角度看的，一个是从死的角度看的。旧死新生，新生必死，生死不已。

无常变化的大趋势不可阻挡，市场后浪推前浪，走势必交替也在所难免。走势终完美，把最新价左边的市场完全分类，与最新价右边的未来演化无缝地连接起来了。

上涨、下跌和盘整三种静态的走势分类，一旦与动态的变化性结合起来会化腐朽为神奇。如果找到三种走势之间的转折点，即著名的第一类买卖点，就能在三种走势类型的演化中应对自如。

第三层含义：多级别唯一分解的完美性。

缠论在第 102 节说，走势终完美是一种最特殊、最强有力的唯一分解，它竟然揭示了市场隐藏在看似毫无规律走势中的整体结构，完全超越一般人的想象，这才是缠论真正最牛的地方。

市场的整体结构是什么？即是多级别联立所看到的立体性结构。

引入分段函数和递归函数，定义各级别的中枢及走势类型，形成多级别联立的、立体性的解盘体系。有了多级别联立的解盘体系，可形成类似易经卦象的当下市场完全分类空间，不管行情之水怎么流，都必然要落在缠论的多级别分类之中。

未来任何一个最新价，必然落在某一级别的笔上、线段上和走势类型上。一旦市场价格流过来，就会被一一贴上属性标识，点滴不漏，纹丝不乱。

这样的技术分析理论，难道还不够完美吗？

缠论常常掩饰不住自豪之情，赞叹自己时还顺便鄙视一下其他的技术，当然，绝非简单的文字自夸，缠论的独特优势实非其他技术能比。

第四层含义：买卖点应对的完美性。

缠论把市场比作一头牛，只有目无全牛，才能如庖丁解牛般合乎其关节。多级别联立的唯一分解，能对市场这头牛的所有骨节了如指掌。站在缠论多级别唯一分解的角度看，哪里还有什么市场，不过是一堆的牛关节。

交易实战的核心，是找到市场这头牛的骨关节。

从笔的角度看，牛关节就在顶、底分型处。

从线段的角度看，牛关节就在前后线段的分界区。

从走势类型的角度看，牛关节就在旧死新生的中阴区。

没有明确的节奏，就没有清晰的关节点。第一、二类买点就是走势类型间的关节点。高抛低吸和第三类买点，可以看作走势类型内部的关节点。

不管行情如何演化，都逃不出三种走势类型的交替性，在新旧走势交替演化的罅隙里，只要找准节奏并精确定位出关节点，就可能练成庖丁解牛般的实战能力。

三类买卖点及高抛低吸的设计，是缠论跟随市场、参与市场的定式绝学。至于使用区间套和级别升级，那是多级别联立后自然而然的技法。

一个精通缠论的人，根本无须和别人探讨行情，看一眼行情就明白了，如何应对也当下即知，难道这还不完美吗？

缠论形态学完美地诠释了市场的变化性，学习形态学可参照懒人路线图：分型—笔—线段—最小级别中枢—各级别中枢及走势类型。

市场的和合性，将在下一章缠论动力学的探讨中体现出来。

13 贪嗔痴疑，相似神离

市场精彩纷呈的自同构形态从何而来？它们并非无中生有，合力是大大小小各级别走势形态的原动力。多空合力，既是和合性最直接的体现，又是缠论动力学研究的核心。

缠论原文说站在纯理论的角度，形态学是最根本的，它本质上就是几何，是无须任何前提的。但是如果不说动力学，背驰就没法讲了，不讲背驰也说不清楚三类买卖点。

缠论动力学要满足两个前提：价格充分有效市场和非完全绝对趋同交易。几乎所有市场都能满足这两个前提，尤其是中小资金更不必多虑了。另外，中枢和走势能量结构之类的东西也属于动力学。

本讲重点 1：市场的合力

1. **合力的当下性**

缠师指出走势是干出来的，是市场当下合力的结果，而不是被上帝事先确定的，市场中没有上帝，市场的方向只能由参与者的合力决定，走势类型的任何可能性都不能事先确认。

世界上的一切事物，都是各种因素和合而生的，没有任何主宰者，合力是唯一的决定力量。市场合力观既然如此鲜明地承认了和合性，就等于否认了上帝。这说明预测市场是毫无意义的，交易者的重点不是预测市场，而是关注当下的市场走势节奏。

市场规律是一种动态的，在不同级别合力作用下显示出来的规律，只有在当下直观中才能把握好市场的节奏。炒股就如同与市场跳舞，节奏一错，就没法弄了。走势中有生命的节奏韵律，对于企图破坏市场节奏的人来说，市场就是他们的死地。交易者必须善于倾听市场的无声之音，踏准节奏韵律，才能真正做到顺势而为。

2. **合力与分力**

无论是政策、心理还是消息等都是市场的当下分力，走势是总合力的结果。比如突发消息，不过增加了一个当下的分力，最终还是要看合力本身，或者说市场走势本身。

站在哲学的角度，预测也是一个分力，预测行为直接影响被预测的结果。索罗斯的反射性理论也指出人与市场间存在正负反馈关系，不能像研究自然科学那样，把市场摆放在人面前单独研究它，人也在市场之中呢。

我们在盯盘时，在某个时点感觉好机会来了，一旦把买卖单委托进盘口，此刻的身份就从一个市场旁观者变成了市场创造者，转化为一缕微细的分力。当我们介入市场时，所有的介入都创造着市场，同时市场也在创造着我们的预期及买卖行为，人与市场间存在正负反馈的作用。

预测的主体和被预测的市场无法孤立独存，人与市场互相影响。正如同量子力学的测不准原理，任何关于预测的交易理论，最大的原理就是测不准。一个最高明的交易者，应该像零向量一样融入当下的走势合力中。

3. **合力的本源**

缠师说诸如消息面、政策面、资金面，最终作用的都是人心，人心因有预期而交易，关系着人的贪婪和恐惧。

枯燥的图形里隐藏着最深的心理动机，包含着心理学的意义。走势本质上是预期的合力，而预期本质上又是心理层面的。预期被分力承载着汇集成合力，外化为市场的买卖行为，推动着走势的演化。

贪婪和恐惧交替着，多空力量争斗着，行情在矛盾对立中鲜活地跳动着，像一个无终点的谜语。缠论归根结底就是研究这贪嗔痴疑慢的，合力的本源就是贪嗔痴疑慢。

既然走势的动力源头找到了，就可以把基本面因素悬置起来，存而不论。因为所有的基本面因素都是分力，合力的本质又是贪嗔痴疑慢，所以，只要控制好自己的欲望源头，就可以淡化基本面因素。中小散户可能没有扎实的基本面分析能力，依据技术分析炒股是一个比较务实的选择。

本讲重点2：自相似与自同构

技术分析的三大假设之二是历史会重演。历史为什么会重演？也和人性的贪嗔痴疑慢有关。

原文的解释是，因为贪嗔痴疑慢的人性本质，千百年以来都是一样的，只是跟随时间、环境的变化而大同小异，且走势又是贪嗔痴疑慢的合力结果，所以，市场必然随着时间的迁移，重演着略有差异的自相似走势。

1. **自相似**

什么是自相似性呢？自相似性，是指一个物体的形态和它自身的一部分形态完全或几乎相似的现象。

自然界存在不少自相似现象，如图13－1，闪电的任何一个分支放大到一定的尺度看，都和整体有相似的分叉结构形态。

图13－1　闪电的自相似性

还有罗马花椰菜、一些树的分叉和海岸线等，这些自相似图都有近似的自相似性。而人为构建的数学分形是精确的自相似性，比如，著名的精确分形图有谢尔宾斯基三角形，还有被称为“上帝的指纹”的曼德勃罗特集等，如图13－2所示。

价格走势的自相似性是不精确的自相似。技术分析在假设“历史会重演”之后，也立即补充说“不会简单地重复”。

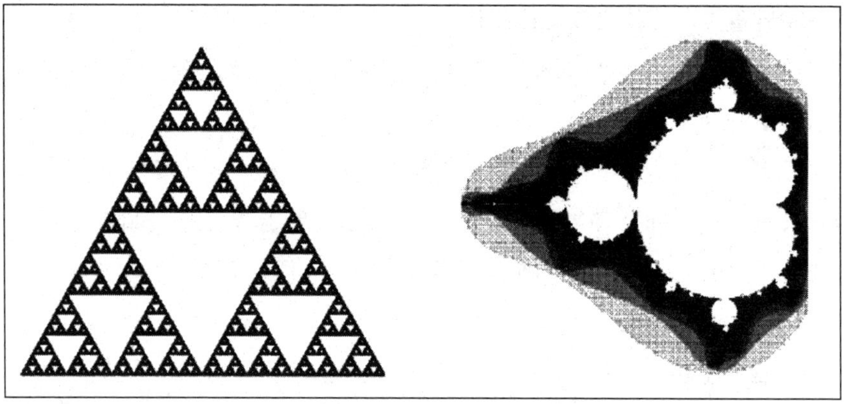

图 13-2　谢尔宾斯基三角形和曼德勃罗特集

2. 自同构

博主说为了避免“自相似性结构”一词的模糊性，也为了区别数学里的分型等术语，统一改用“自同构性结构”来描述对股票走势的绝妙洞察。“自同构”一词自生长、自组性的意味更浓了。

缠论对走势自生长、自组性的描述精彩极了，是一曲市场生命的赞歌。

“本 ID 理论的哲学本质，就在于人的贪嗔痴疑慢所引发的自相似性以及由此引发走势级别的自组性这种类生命的现象。走势是有生命的，本 ID 说‘看行情的走势，就如同听一朵花的开放，见一朵花的芬芳，嗅一朵花的美丽，一切都在当下中灿烂’，这绝对不是男人式的矫情比喻，而是科学般的严谨说明，因为走势确实有着如花一般的生命特征，走势确实在自相似性、自组性中发芽、生长、绽放、凋败。”[J81]

博主说自相似性还有一个最重要特点，就是它可以自组出级别来。“级别是自相似性自组出来的，或者说是生长出来的，自相似性就如同基因，按照这个基因、这个图谱，走势就如同有生命般自动生长出不同的级别来，不论构成走势的人如何改变，只要其贪嗔痴疑慢不改变，只要都是人，那么自相似性就存在，级别的自组性就也必须存在。”[J81]

这两段话就是小级别中枢及走势类型升级为大级别的哲学理论基础。

缠论以绝妙的洞察抓住了走势最本质的自相似特征，因此敢于宣称任何脱离自相似性的股市分析方法，本质上都是错误的。如果没有自同构性结构，市场将是不可理解的，更是无法把握的。

缠论以后的研究方向一定不能偏离自相似性、自组性，股市的走势是有生命力的，缠论不是教条的技术分析规则，而是一门生命学科，是一个可以不断拓展的理论。

“本 ID 的理论上还有一个暂时没有解决的问题，就是走势中究竟可以容纳多少自相似性结构，还有一个更有趣的问题，就是起始交易条件对自相似性结构生成的影响，如果这个问题解决了，那么，对市场科学的调控才能真正解决。”［J81］

此问题无解！炒股不是纯科学，市场不确定性本质也注定了此问题无解。如果有人知道一个走势可以容纳几个自相似结构，他立即能确定当下的走势在何时结束，也必然知道当下某个中枢就是最后一个，由此找到的第一买点绝对是 100% 安全的。或许只有上帝知道吧。

另一个更有趣的问题是，起始交易条件对自相似结构的影响是怎样的？稍微有点混沌学常识的人，也知道这个问题几乎无解！

因为存在著名的蝴蝶效应：“一只南美洲亚马孙河流域热带雨林中的蝴蝶，偶尔扇动几下翅膀，可以在两周后引起美国得克萨斯州一场龙卷风。”任何一个毫不起眼的初始交易条件，都可能会引发自相似性结构的累积效应。市场不是精确的科学，试图对市场进行科学的调控是徒劳的。

“走势的不可重复性和自同构性结构的绝对复制性以及理论的纯逻辑推导，这就构成了本 ID 理论视角的三个基本的客观支点，不深刻地明白这一点，是很难有真正的理解的。”［J84］

为什么博主又说真明白了这三点，对人生与社会操作有着同样的意义？因为每个人的生活、社会的变化，本质上都离不开这走势的绝对不可重复性和自同构性结构的绝对复制性，以及相应不患的共业的绝对推理性。这观点深刻极了，了解佛学唯识论的人知道，贪嗔痴慢疑之妄心是宇宙人生的根源。

本讲重点3：市场基因

形态走势的背后是人心，要洞察人心，从形态走势入手更方便。

“走势反映的是人的贪嗔痴慢疑，如果你能通过走势当下的呈现，而观照其中参与的心理呈现，就等于看穿了市场参与者的内心。心理，不是虚无缥缈的，最终必然要留下痕迹，也就是市场走势本身。而一些具有自相似性的结构，就正好是窥测市场心理的科学仪器。”［J82］

例如，一个分型结构是怎么形成的？

“一个分型结构的出现，如同中枢，都是经过一个三次的反复心理较量过程，只是中枢用的是三个次级别。所谓一鼓作气，再而衰，三而竭，所以一个顶分型就这样出现了，而底分型的情况则相反。”［J82］

分型在至小的1分钟级别是这样的结构，在年线上也是这样的结构，在大大小小不同级别上的结构是一样的，这就是自相似性。

再如，笔、线段和走势类型的本质也是自相似性，走势终完美的本质仍是自相似性。不同级别的笔、线段和走势类型也一样具有相似的结构。

缠论的解盘体系是多级别的、立体性的、可跨越时空的。之所以有如此巨大的分解能力，是因为缠论找到了市场的基因——自相似结构。

最简单的自相似结构是“四点三线”的N形结构，稍作变化的N形结构就是缠论a+A+b盘整走势结构。N形结构就是笔中枢或类中枢，从节奏的力量看，类中枢比含有标准中枢A的a+A+b结构更加强劲，更能体现“之”字形韵律节奏，用类中枢辅助定义走势类型也符合缠论精神。上涨和下跌走势类型的a+A+b+B+c结构，可认为是由a+A+b和b+B+c两个单中枢的盘整结构叠加而成的。

为了把抽象的问题说清楚，本讲引用不少精彩的原文。为避免空洞说理，下面以五粮液为例说明走势的自相似特征。

图13－3是月线图，在月、周、日大周期上，可直接用笔定义本级别的中枢，第一个标准中枢毫无疑义，之后引入一个类中枢，可形成至少两个中枢的a+A+b+B+c上涨走势类型。

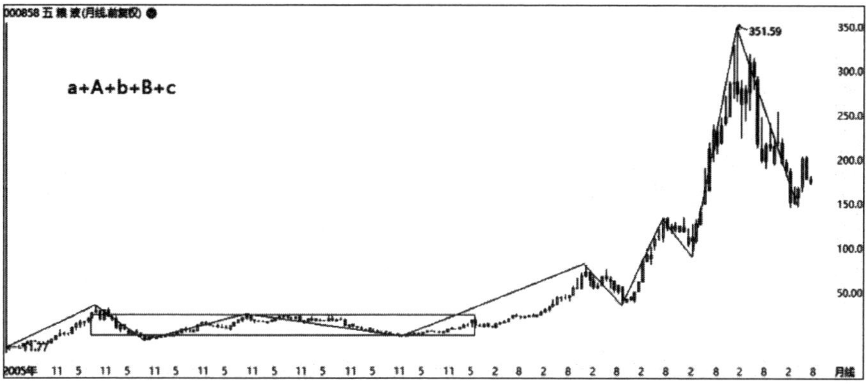

图 13－3　月线级别的 a＋A＋b＋B＋c 上涨结构

且看高点 351.59 后的月线一笔，包含一个周线级别的下跌走势类型，如图 13－4 所示，该周线下跌走势同样是 a＋A＋b＋B＋c 结构。

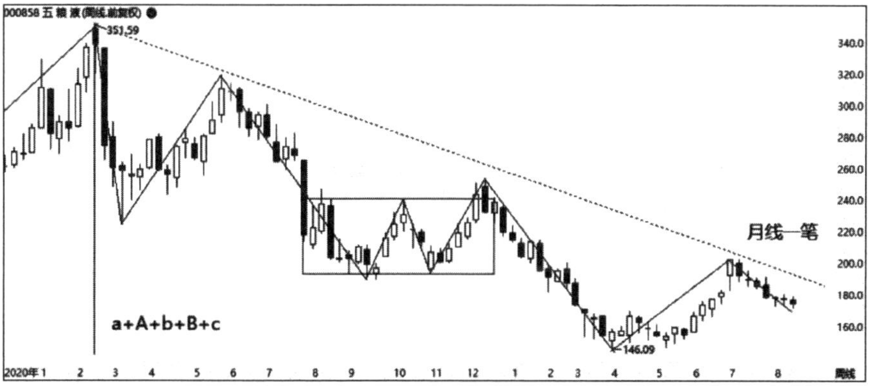

图 13－4　周线级别的 a＋A＋b＋B＋c 下跌结构

将周线级别的最近一笔，切换到 60 分钟图上放大一看，图 13－5 又对应着 60 分钟级别的 a＋A＋b＋B＋c 下跌走势结构。

继续深入一层，用图 13－6 上的 1 分钟图，再去观察 60 分钟下跌走势的最后一笔，目前对应着 1 分钟级别的 a＋A＋b＋B 结构，当下的走势尚未完成，若再出现一个小 c 段走势，又将是一个 a＋A＋b＋B＋c 的下跌结构。

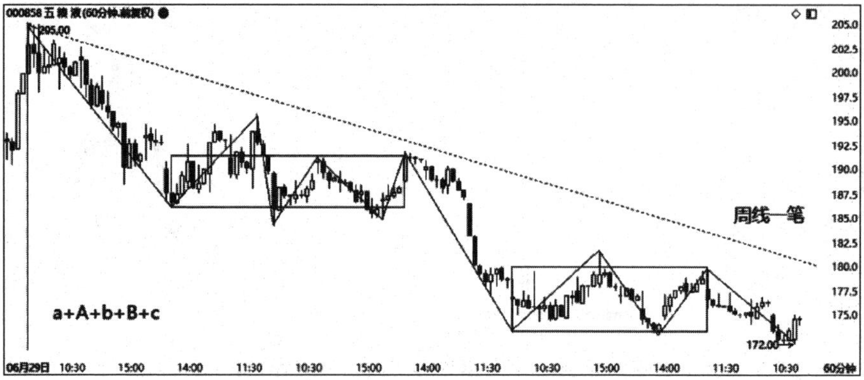

图 13 –5　60 分钟级别的 a + A + b + B + c 下跌结构

套娃！套娃！一组俄罗斯套娃！由基因结构合成的自相似性无处不在，它是区间套思路的理论根据。

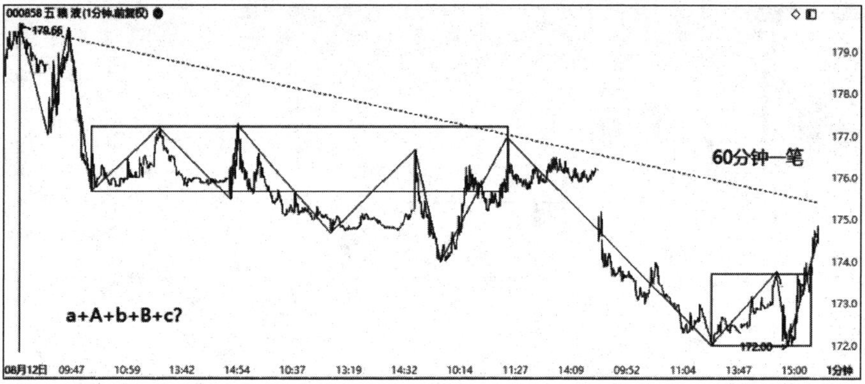

图 13 –6　1 分钟级别的 a + A + b + B 下跌结构

自相似基因携带的最小信息单位就是 N 形结构或 a + A + b 盘整结构。最简单的走势是不能小于 3 笔的 N 形结构，∧和∨结构都是返回原点的死结构，有三条腿的 N 结构才是活的，才能生长出高级别的自相似结构。走势终完美要求一个独立走势类型不能少于 5 笔，也跟市场基因有关。

包括人性贪嗔痴慢疑内在的心相，所呈现出的自相似性结构的外在形相，是缠论浓墨重彩的一笔，也是缠论有别于其他理论的最深邃的独特视角。

14 不测而测，此心难舍

第 12 讲和第 13 讲分别论述了缠论形态学和动力学两大纲要。缠论的第三大纲要，更幽隐难知的缠中说禅，是真正提升交易境界的内功心法。

形态学和动力学一表一里，相依相存，它们仍困在贪嗔痴之“缠”中。缠师说股票从来就不是股票，而是你的贪嗔痴疑慢。要想破“缠”而出，必须超越自心内厚重的贪欲，走向零向量的至高心境，即缠中说禅。

本讲重点 1：零向量

在形态学里，已经完成多级别走势唯一分解的最高目标。在动力学里，已经知道合力才是市场真正的推手，而合力的本质正是人性的贪嗔痴慢疑。市场从何而来、到何而去基本上就搞清楚了。

如果作为一个市场旁观者，看懂行情已经大功告成，对着走势指点江山已绰绰有余。如果作为一个交易者，交易的修行之路才刚刚开始，更重要的是要融入市场。交易者立即会遇到人与市场关系的定位问题。

缠论说理论可以把现实解剖，而真正的功力是当下与市场走势合二为一。市场是当下合力的结果，把每一个人的买卖行为当成一个向量，所有人的买卖行为最终构成走势的总向量。行动的初步功夫是“恰好”，如何恰好地与总向量保持一致呢?

“就要首先把自己变成一个零向量，有也只有当一个零向量加入任何一个向量叠加系统里，才不会影响到最终的总向量。把自己的贪婪与恐惧去掉，让市场的走势如同自己的呼吸一般，看走势如同看自己的呼吸，慢慢就可以下单如有神了，你的交易，就是顺着市场的总向量的方向增加其力度而已，这才是真正的顺势而为。”［J30］

心若是零向量，超越了贪嗔痴慢疑，就能摆脱被走势所转的可悲境地。

缠论立即会遭遇一个质疑，如果人的内心真是零向量，干吗还炒股呢？原文自问自答说，如果所有人都变成了零向量，那又将如何？市场存在的基础贪婪和恐惧没有了，那市场就没有了，缠论也没有了。

零向量是最终极的理想目标，股民真实的心态当是心如枯井，壁生青苔。为什么？只要有买卖动作，心里就有个预期目标，起心动念是不可避免的。看行情的走势，如同观看市场老神仙左手和右手下棋，在观棋不语的灵明上，还是要起一点点念头的。零向量不是消除贪嗔痴，而是超越了贪嗔痴。

本讲重点2：不测而测

虽然零向量的至高境界很难达到，但在处理个人与市场关系时意义重大，零向量是最彻底的顺势而为，与顺势而为相对立的是预测市场。

市场是可以预测的，还是不能预测的？在这个重大问题上，缠论的表述令人费解，还提出“不测而测”的妙论。

一方面，原文说：“技术分析的最终意义不是去预测市场要干什么，而是市场正在干什么，是一种当下的直观。在市场上所有的错误都是离开了当下的直观，用想象、用情绪来代替。”［J19］

因此预测是毫无意义的，走势是干出来的，是市场合力的结果，而不是被上帝事先确定的，市场中根本没有上帝。

站在最高的哲学角度看，预测本身也是一个分力，观察者根本无法脱离被观察的市场行情，人的预测会对市场产生影响，会增加一份市场的分力。“正如同量子力学的测不准原理，任何关于预测的理论，其最大的原理就是测不准。”［J68］

另一方面，缠论却说：“本ID一直强调无须预测，并不是说市场走势就绝对不可预测，相反，市场走势当然可以绝对预测。不过，这里的预测和一般所说的预测并不是同一意义，一般的预测是建立在一个机械的、上帝式思维基础上，这种思维，把市场当成一个绝对的、不受参与者观察所干扰的系统，由此而成为一套所谓的预测标准，一个建立在错误的思维基础上的标准。这种预测，本来就不存在。”［J52］

缠论接着说：“给出分段函数，就是给出最精确的预测，所有的预测都是当下给出的，这才是真正的预测。”［J68］

“真正的预测，就是不测而测。”所有预测的基础就是分类，把所有可能的情况进行完全分类。完全分类之后不能人为地排除，只需静观其变，把市场走势的选择权归还给市场，让市场自己去选择如何走。

结合两个方面的表述看，缠论内在的思想逻辑的确反对一般的预测行为。“不测”，是市场不确定性本质使然，人不能100%提前确定市场的走势。“而测”，是因为市场所有的走势只有三种类型，这又是可以提前确定的，所以说，市场走势又是绝对可以预测的。

一般的预测者面对行情的三岔路，用技术分析或基本面分析，先排除掉自认为不可能的分支，再去押注自认为高概率的分支。甚至还企图引领市场、试图给市场画蓝图，强烈期望或强迫市场按照自己的意志走，一旦未遂就大骂市场、骂恶庄，从不检讨自己的思想对不对。

不测而测者对每一种走势都有应对的办法，市场当下发什么牌就怎么打。当预测者还在绞尽脑汁去排除不可能的岔路时，缠论已经到达“看”和“干”的境界，如鱼儿在水里游，人和市场合二为一。

零向量与不测而测，这真正的顺势而为思想，如何落实到操作中去呢？

本讲重点3：缠论打牌观

1. 当下一局牌

佛学是当下思维，当下不仅有时间的原初意义，还是圣贤们洞察万物的大一统的平台。植根于佛学思想的缠论也是当下思维，它既反对预测未来的市场，也不是对未来走势一无所知。

缠论通过多级别联立走势的唯一分解，建筑一个多层楼的当下观景台，任由行情走势如何变化，都必然在当下观景台上表演。类似打牌一样，不管牌面和牌势如何变化，都必然在当下一局牌当中。

打牌观，可把缠论高妙的思想落实在日常操作中。打牌时当然不执过往，专注打好当下一局牌就行，重在处理打牌的过程，善始善终，不问将来。

如图 14－1，经过同级别走势唯一分解后，可以看到最近连续的三局牌。每局牌的起终点就是一个走势类型的起终点，一般对应着图表上的高低点。

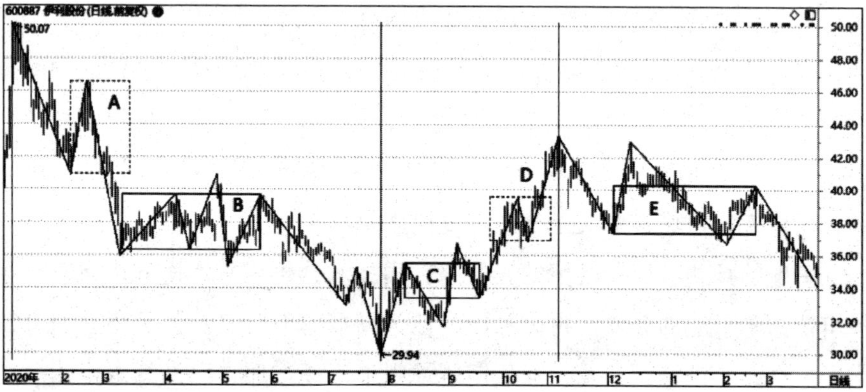

图 14－1　一个走势类型即是一局牌

2. **均线之吻**

为了便于动态地描述各走势类型的演化节奏，可借用均线和 MACD 指标。缠论其实给出了两个系统，一个是精确的中枢系统，另一个是模糊的均线系统。均线系统以“三吻”为观察参照物，可达到与中枢系统同样的解盘效果。

缠论根据两条均线之间的离合聚散关系，提出了“吻”的概念，均线之吻有三种，且各有明确的定义，很容易从图表上直观看出来。

“飞吻：短期均线略略走平后继续按原来趋势进行下去。唇吻：短期均线靠近长期均线但不跌破或升破，然后按原来趋势继续下去。湿吻：短期均线跌破或长期均线升破甚至出现反复缠绕，如胶似漆。”［J14］

均线有多种形式，MA 是最简单平均线，EXPMA 是常用的指数平均数。MACD 指标是均线指标的好伴侣，若均线是指标之王，MACD 就是指标之后。带两条均线的 k 线图就足以应付最复杂的走势，参照一下 MACD 会更好。

MACD 是通过 EXPMA 指标计算出来的。MACD 黄白线的白线 DIFF 就是 EXPMA（12）与 EXPMA（26）之差。当 EXPMA（12）与 EXPMA（26）两条均线交叉时，副图中 MACD 白线必定与 0 轴相交。

MACD 的黄线 DEA 是用白线 DIFF 指数加权平均计算出的。再将 DIFF 与 DEA 之差乘以 2 就是 MACD 红绿柱子的数值。黄白线金叉后的变化值用红色柱子表示，死叉后的变化值用绿色柱子表示。比较前后两个同颜色的 MACD 面积大小，可以判断是否产生了背驰信号。

3. **一只股票的前世今生**

如图 14－2，在伊利股份日线图上，从高点 50.07 开始了当下一局牌，它也是这个下跌走势类型的开局起点。

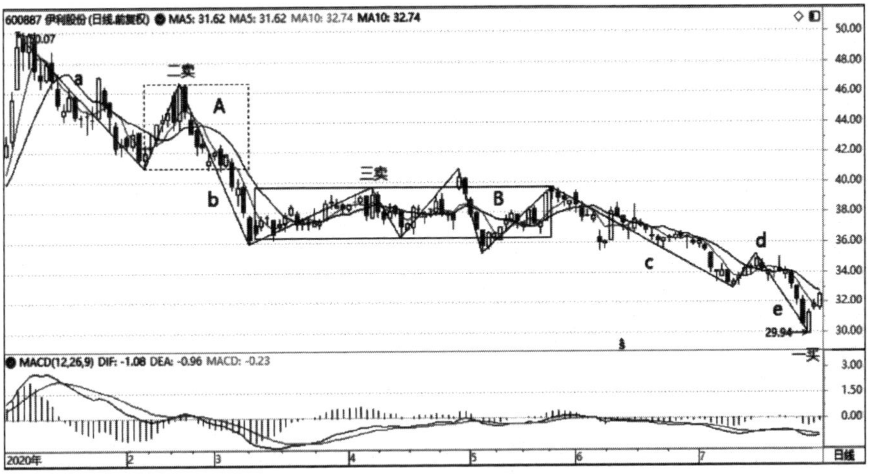

图 14－2　一只股票的前世

开局之后，空头首先打出 a 段的跌势，在 a 段里来一个唇吻，同时 MA（5，10）出现死叉，相应 MACD 黄白线也在 0 轴之上的高位产生死叉。

多头在 a 段末尾开始组织反攻，均线产生金叉并形成湿吻，MACD 黄白线在 0 轴附近出现粘连，因反弹无力突破前高 50.07，第二类卖点形成。

二卖之后，空头进行第二次更猛烈的打压，形成走势更加流畅的 b 段，此时的均线和 MACD 指标都进入扩张发散状态。为了揭示出清晰的节奏韵律，引入类中枢 A，b 段之后的反弹较弱，止步于中枢 A 之下形成第三类卖点。

同时均线形成金叉，且 MACD 第一次在 0 轴下形成金叉。三卖后均线缠绕成了湿吻，MACD 的黄白线在 0 轴附近徘徊，第二个中枢 B 形成。

离开中枢 B 的 c 段结束后，多头反攻出的 d 段又形成了一个湿吻，因为 d 段无力进入中枢 B 的 ZD，故形成第二个第三类卖点。

直观比较 c 段和 e 段的力度发现后者较弱。或通过 MACD 比较 c 和 e 对应的绿柱面积，也能发现后者的力度比前者弱很多。

这两种方式都能判断出 e 段就是背驰段，即 c－d－e 形成盘背信号，整个下跌走势可能以盘背信号终结。低点 29. 94 后的底分型一出现，就是要敢于试探入场的第一类买点。

至此，伊利股份日线级别的前世结束，随后将进入今生的曲折起伏，如图 14－3 所示。

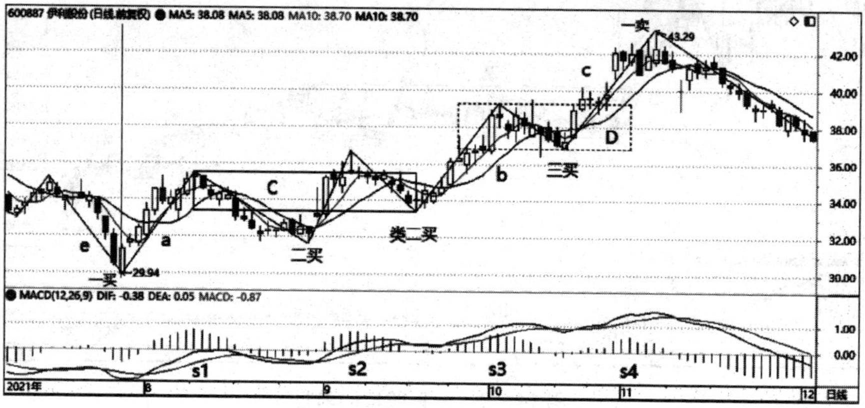

图 14－3　一只股票的今生

盘背信号后 29. 94 处的第一买点是今生的开始。现在是事后静态分析，第一买点已经不可更改，让人误以为根据背驰找到的一买都是 100% 安全的。如果回到 29. 94 点当下那一刻，一买信号仅仅是第一个可能的有利位置，未必能走出现在的上涨走势，活兔子会有各种变化，这就是不确定性本质。

第一买点之后均线形成金叉，MACD 黄白线也形成金叉并向 0 轴靠近，此时绿柱开始转红，并且红柱面积不断地扩大，走势力度由弱转强。

一买之后 a 段反弹的第一次回撤不破前低，形成第二类买点。同时 MACD 黄白线也跟着回落，随即再次靠近并穿越 0 轴，又一次回踩后出现了类二买信号。

在来来回回的震荡里，均线形成了湿吻，中枢 C 也同时被构造出来了。类二买一笔离开后，其回撤站在中枢 C 之上形成了第三类买点。从三买到高点 43.29 对应的 MACD 红柱面积 s4 已经不如 s3 面积大，引入类中枢 D 后可找到盘背信号，立即找到了第一类卖点。

一卖之后均线和 MACD 都在高位形成死叉，可辅证第一类卖点的可靠性。从低点 29.94 到高点 43.29，伊利股份的今生也结束了，随后将进入来世的跌宕生命历程。

图 14 –4 中，从高点 43.29 第一类卖点后，市场重新开了一局牌，进入伊利股份的来世。

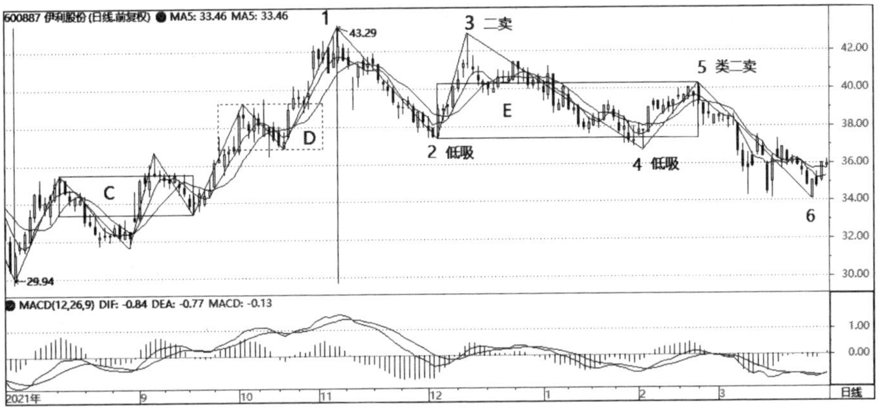

图 14 –4　一只股票的来世

盘背及第一卖点后的 1 –2 一笔回撤，刺入类中枢 D 的震荡区间内，如果反应足够快，立即意识到在 1 –2 的结束点可打出一手高抛低吸的牌。精确的买入点可利用区间套技术，观察 1 –2 对应的 30 分钟图不难发现盘整背驰，从而定位出精确的高抛低吸点，可抓住 2 –3 一笔的利润。

因为 2 –3 未能突破前高 43.29，故形成 3 处的第二类卖点。同样，可以观察 3 –4 一笔的内部结构，也能找到 30 分钟级别的盘整背驰信号，可精确找到 4 处的低吸时机，可抓住 4 – 5 一笔的利润。随着 5 – 6 一笔离开中枢 E，一个新下行线段确立了，当下已是包含一个中枢的盘整走势。

有人可能会问，为什么不把中枢 D 和中枢 E 合并呢？当然可以合并。但在同级别分解的视角下，可把复杂的中枢拆分，不需要像递归缠那样必须考虑中枢升级。

中枢的自由组合，是走势多义性产生的原因之一，这和牌面的自由组合特别相似。同样的牌，可以有不同的配牌方式。同样的走势段，也有不同的组合方式，只要不违背缠论的规则，哪种组合更利于表达走势的节奏韵律，就采用哪种组合方式解读，这是缠论的结合律所允许的。

走势的多义性都和中枢相关，比如，同一段行情走势用不同的级别去看，会产生不同的中枢结构，内含的中枢个数未必一样，因而会产生走势多义性。走势多义性的第三个来源，是对中枢的理解不同，比如可把中枢当作星球，赋予中枢及走势以新的象征意义。

缠论打牌观，把一个个走势类型的演化过程，当作一局局牌的打牌过程。打牌者从不需要预测下一张牌是什么，也预测不出来，但一点都不妨碍赢牌。交易者也不需要预测市场，正如与市场一起跳舞，作为舞伴的股民只需跟着市场的节奏韵律就行了。

具体该如何顺应市场的节奏韵律呢？可根据三类买卖点和高抛低吸点。比如，在伊利股份的前世、今生、来世里，各个买卖点都有明确的定义规则，不管行情怎么演化，交易者只要能连续地把走势逐一分解，就能找到市场的关节点，选择在关键的时机进出场，不就是顺势而为吗？

如此一来，缠论提出的零向量、不测而测、当下、看和干等将不再是一句句空话，都可以落实到日常类似打牌的操作中去了。

15 术道一如，破缠而出

缠论既有逻辑严密的解盘体系，又有深邃的思想根源。交易者不能仅仅满足于学习缠论的技法，真正厉害的是技法背后的思想道理。要想知行合一，必须先把缠论的术与道合流。

本讲重点 1：术道合流

缠论的思想源头是佛学。在汗牛充栋的佛典中，围绕着三大法印展开：诸行无常、诸法无我、涅槃寂静。这 12 个字浓缩成 1 个字就是“空”，“缠中说禅”其实也是“缠中说空”。

变化性、和合性与寂静性这三大法印，也是佛家观世间万法的三大维度。

炒股玩期货是极其特殊的行当，市场虚拟无形，股民起心动念来去无踪，从钱到钱，鼠标一点，不是赢钱就是亏钱。貌似简单无门槛，实则高深莫测，炒股玩期货对人的素质要求之高无与伦比。

缠师把佛学三大法印接引到炒股上，对应着缠论的三大纲要：形态学、动力学和缠中说禅。缠论形态学研究价格变化性，动力学揭示合力和合性，缠中说禅对应着寂静性。

缠论的三大纲要是一花开三朵，本归是一体，因语言局限只好各表一枝。三足鼎立共同支撑一个当下观景台，任凭走势上下翻飞、东风忽西，交易者稳坐观景台，观看多空双方外形内心的表演争斗。

交易者置身于市场之中，如漂泊在无边无际的不确定性大海里。缠论的解盘体系精美绝伦，但体系的根基似乎要脱离大海，安放在绝对性的沙滩上。若放弃追求稳赚不赔的妄想，将缠论这艘豪华游轮航行在不确定性的大海里，与风雨颠簸共舞，此心了无执着，反而更心安。

市场的不确定性并非凭空想象出来的，可从堪称市场玄牝之门的盘口里观察悟知。观察盘口时，可看见承载着人性贪嗔痴慢疑的买卖单不断地涌现，多空阵营排兵布阵，对垒在买一卖一或五档价量上。

每一次盘口的撮合成交，就是一次多空异见的碰撞，就是一次多空力量的攻防，更是一次人性欲望的释放与滋生。多空在达成共识的撮合瞬间里，诞生一个最新价的宠儿。连续不断的、新新不住的最新价，记录着市场先生或狂躁，或平静的行走轨迹。

要观察市场当下的轨迹，在大大小小时间周期的 k 线图表里，必须先定好观察的级别。走势级别一定，再引入数学分段函数和递归函数，立即可实现本级别走势的笔的唯一分解，正反笔交错，一分为二。若嫌笔的格局不够大，可提升至更大格局的线段的唯一分解。

上行线段与下行线段的轮流呈现，俨如舞台的黑夜和白天。华美的舞台不能缺少一流的表演者，借助中枢的牵线搭桥，线段成功地与上涨、下跌和盘整三类走势签下生死无期之约。缠论彻底把“市场完全分类”思想落实在笔、线段和走势类型三个层级的唯一分解里。

亘古不变的人性贪嗔痴慢疑，万古常新的贪婪与恐惧，裹挟着甩不掉的上涨、盘整和下跌基因，呈现在多级别联立的走势类型里，生长出如套娃般的自相似结构。

三种走势类型在当下轮流称王，但是受到无常变化的狂暴力量的驱使，任何一个走势类型都不能一直霸占着舞台，台上的走势终究要被驱赶下去，后来居上者又会被更新鲜的走势替代。新鲜，才是变化无常的市场唯一想要的表演风格。

“走势终完美”的口号如雷贯耳，吹响了走势新生旧死的战斗号角。但心性执着的老朽走势，已经到了强弩之末仍恋恋不舍。突然一个背驰信号开启了老旧走势的摇摇欲坠，最后一张如稻草般的单子，引发疾风骤雨式的崩溃，当下走势的控制权被对手褫夺了。新旧走势类型此上彼下，轮番表演，新旧交替。

在新旧走势交接的罅隙里，勇猛者盯准背驰信号，从第一买点直接杀入。果断者从第二买点跟进去，最犹豫的人也搭上了第三类买点的末班车，赶上一轮上涨走势的流畅加速阶段。

多头在狂喜中喜极生悲，善变之神再次降临，当下走势的荣光在三鼓而竭后渐渐黯淡，于是第一卖点形成。一次回光返照之后，市场正式宣布前一个走势死亡，后一个少壮有力的走势登上舞台。

又是那些洞察力超凡的交易者，会在第一卖点反戈一击加入空头的阵营，静待着在第二、三卖点入场进攻的友军再下一城。从旧死到新生，一二买点，物极必反。从新生到繁盛，第三买点，顺势而为。

行情走势长江后浪推前浪，但是人心贪嗔痴的合力从未改变，时光荏苒，当下观景台上不过是老酒换了新瓶装，三种走势类型永不变。

一个走势一局牌，缠论三类买卖点及高抛低吸的设计，足以应对所有的牌局变化。当股民依各类买卖点参与市场时，一份微小的分力即汇入盘口里，哪里还有个人与市场的两相隔别，如人归故里，似鱼回水体。

个人之力微不足道，人之于市场恰似蚂蚁对大象，总有些蚂蚁自不量力，以为自己可以坐在大象头上，预测或指引大象的行走方向，还试图让大象的每一步行走都合乎自己的意图。

缠论敏锐地看到小蚂蚁的自不量力，提出了零向量的理想目标，警示与市场共舞的股民，要敬畏诸法无我的合力，淡化自己微不足道的分力，彻底清空内心的偏执观点，以当下不测而测的空心，去包容并且跟随着市场走势肆意妄为的行迹。

本讲重点 2：缠中说禅

缠论就是禅论，表面上是教人学炒股的，暗地里是引人去悟道的。缠师一针见血地指出“炒股票就是真正的学佛”。

若学缠反被缠论缚，缠论只学了个半部。可以从禅之山峰往缠之山下看，可以采取“以禅破缠”的方式解读缠论，重取其意，淡化其言，得其心髓，丢其枝蔓。

别被缠死在模棱两可的字句间，自由杂乱的章节里，精确严密的数学上，令人眼花缭乱的定义、定理及原理中。

真正明白缠论之意者亦不可沾沾自喜，自视高明。炒股不过是万法之一，所谓窥斑知豹、一叶知秋，一沙一世界，一叶一沙懂了，众叶众沙也就懂了，若把炒股搞明白了，心明则不暗，不暗则近禅，其他的事儿也大致搞懂了。

交易是一场艰深的修行，盈亏事小修心为大，不可本末倒置。

依个人浅见“缠”有三义，“禅”对之亦有三义：

缠者第一义：中枢之缠。

有人云“缠者，价格重叠区间也，买卖双方阵地战之区域也；禅者，破解之道也。以阵地战为中心，比较前后两段之力度大小，大者，留之，小者，去之”。此“缠者”之义就是中枢之纠缠，多空双方攻守进退两难，行情走势晦昧不明。

若以禅破之，可比较进出中枢纠缠区的两股力量的大小，结合三鼓而竭的敏锐警觉，一旦发生背驰信号则果断离场观火，知乎止而身退。

缠者第二义：走势之缠。

走势类型纵横交错，缠如麻团。大小级别的走势类型上下勾连，同级别的三种走势类型此起彼伏，新旧交替表演。图表轨迹如网如茧，如藤如蔓，交易者又作茧自缚，身陷葛藤，贪惧纠缠，手忙脚乱。

若以禅解之，纵横交错的走势遂即各复本位，次序井然。若以一顶一底、一笔一段、单多中枢及三种走势类型解之观之，则行情走势自有其逻辑主线，千灯共照一屏暗，光光不相碍，竟然是百势争呈，千枢牵连，繁而不乱。

缠者第三义：人心之缠。

若世间有地狱，股票和期货市场即是。

陷入交易困境之人，殚精竭虑，身心疲惫。众里寻他千百度，却只落得欠债无数，金钱债、时间债、健康债，人情债、亲情债，旧债未还新债不断。明知炒股玩期货的成功者凤毛麟角，为何此心还纠缠在其中？

若以禅对之，地狱即是天堂，贪嗔痴即是妙菩提。

人随所遇之境而生其心，遭遇的种种境界无非历境炼心。炼心最甚者，乱世莫过于战争，治世莫过于交易，此二事能陷人于困境险境、绝境死境，杀伐自己贪婪和恐惧心贼的力量至刚至猛，无可匹敌。

本讲重点3：破缠而出

我们一路艰辛从解构缠论的体系，到裸露缠论的思想，再探求术道合一，最终所见的不过是新生于旧之死，旧死于新之生。

一个隐含至深的修心模式遽然而明——向死而生！若读不出这四个字，就抓不住缠论实战的精髓，品不出以股悟道的心要。

上一笔结束的顶底分型，就是当下这一笔的起点。

上一个线段的终结点，就是当下新线段的起始点。

上一个走势类型的背驰及第一买点，就是当下新走势类型的启动点。

实战分析的重心是观察前一笔一段、前一个走势在何时结束。其结束点就是市场牛关节的罅隙，是最好的入场时机。

买入时，并不是因为坚执地看涨，而是因为发现了下跌走势的死亡迹象，一旦下跌走势果真终结，随后开启的不是盘整就是上涨，不管哪种走势类型接续上来，都有潜在的利润可图。

买入后，持仓的唯一理由，并不是预测了当下新走势的必生，而是因为它还没有死。如果当下新走势的终结死亡信号来了，一定会毫不犹豫地抛掉持仓单。

也就是说，我们对当下走势类型的观察，除了观其生，还可以观其死。向死而生的进出场点规则，可以把持仓时的妄念给彻底清空了。

预测的思路截然不同，预测者依据自己坚执的观点入场，以此观点持仓，持仓过程中很难把自己的观点丢掉，若放弃自己的观点，会立即失去持仓理由。如果市场的走势变了，当初入场的知见会变成持仓时的执见，心有执见既是死扛亏损的风险之源，又与道相悖心难安。

缠论清除内心的炒股模式，若用好了，炒股玩期货等同于修行者的空观练习，这是破缠而出、入禅得道的必修课，炒股就变成了人生最好的道场。

交易是一场艰深的修行。

一个人要想精通某项技艺，必须深入至大和至微这两个极端点，还要把它们弯曲成圆环。广博宏大和精深幽微本就是一线之隔，融通了这一线，死水就活了。缠与禅，正是这至大与至微。

谈及交易与人生，缠师高声疾呼不能以生命为代价，痴迷在技术里变成交易的机器，亦不能试图躲进山林，企图远离金钱贪欲五浊尘世，须学莲花出淤泥而不染，于污浊中见清净，于束缚中得真解脱，得大自由。

缠中说禅，禅以缠显。

破缠而出，入禅无缠。

下　篇

术道合一

16 策略设计，回归母体

适应了数学视角，看懂了市场走势，洞察了人性自心，超脱了盈亏悲喜，才是真正融入市场的开始。个人之于市场恰似鱼儿之于江河，如何将自己的微薄分力，汇入市场母体合力中，是策略设计的最终目标。

本讲重点 1：市场母体

职业交易者穷尽一生的努力，无非要处理好自己与市场的共舞关系。图 16－1 中，可直观看出个人分力和市场合力的正负反馈。从盘口产生的最新价及左侧的价格走势，会激发起股民贪婪和恐惧的预期，承载着交易者预期的买卖单被委托进盘口，无数分力汇聚成合力，反过来又影响价格走势。

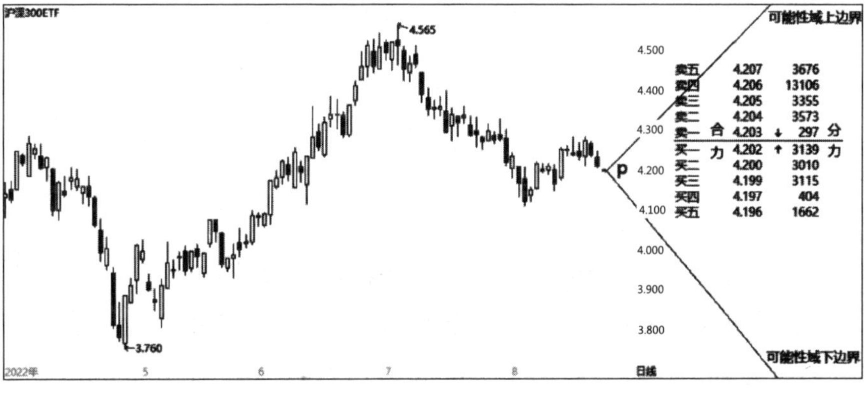

图 16－1　买卖双方的分力与合力

最新价及左侧的价格走势，可用缠论或其他技术理论解读，看懂历史图是为了走向未来。一旦踏入未来便立即会遭遇最大的敌人——市场的不确定性。向左看，人人都是活神仙，最佳的买卖点一清二楚。向右看，唯一可知的是一个市场不确定域。不确定域以连续的涨停板为上边界，以连续的跌停板为下边界。预测者执着某一条演化路径不放，对其他的可能性走势视而不见。

不确定域是技术分析者的禁言区，包括缠论在内的所有技术分析理论，都无法僭越市场对禁区内的走势指手画脚。技术只能有效处理已存在的走势，对尚未到来的走势只能随顺，任何提前预测的结论都是或然性的。

市场在合力的推动下肆意行走，任何一个分力都无法左右它。有些实业生意做得非常好的人，在股票期货等虚拟市场上反而吃大亏。习惯了当“领头羊”，现在要他们随顺市场先生，把确定性思维丢掉，障碍可比一般人大多了。

技术分析者对左侧的走势看得一清二楚，像看自己手中的牌一样。没有人甘心做一个旁观者，也不仅仅满足于对着图表指点江山。要在看懂市场当下走势的基础上，筹谋计划着未来。

先把市场当下的走势承接过来，再把自己的分力推出去，与志同道合者一起主动地创造一段走势，或者以零向量的心态锦上添花。一接一推之间，一迎一送之际，个人与市场在正负反馈的环流里合二为一。

交易者要参与市场，必须汇入市场母体中，把有限的资金投入无限的市场大海。在人与市场共舞、顺势而为的随波逐流中，感受趋势的沉浮，体会盈亏的喜悲，获得交易境界的提升。

本讲重点 2：策略的自由

交易策略最彻头彻尾的本质，就是交易者的选择自由。

换个角度看，市场是一连串的数字流。数理量化派眼中的市场，不仅是一般所看到的 k 线图表，还是如图 16 - 2 微分化的时间序列数据。缠论的解盘视角也是从数字流出发的，用数学工具揭示了市场的自相似形态特征。

从分时成交明细数据看，一分钟内撮合成交可达几十次，每次瞬间成交几百几千手，连资金最雄厚的机构都没有能力从早买到晚，散户的资金更是微不足道。市场如长江大河之流，奔腾不息，博大无比。

既然时刻都有人买，有人卖，说明了买卖进出场是交易者的自由选择。市场只是沿着阻力最小的方向行走，看似复杂却单纯无比。市场对所有人都保持着沉默，从不会给任何人关于买和卖的操作建议。但市场也不掩盖自身的行走轨迹，深谙市场无声语言的人才能读懂市场的心迹。

× 510300 沪深300ETF 分时成交明细

时间	价格	成交		时间	价格	成交		时间	价格	成交		时间	价格	成交	
11:24	4.247/243 +	3955	B	11:25	4.246/244 +	98	S	11:27	4.246/244 +	30	S	11:28	4.246/243 +	405	S
11:24	4.247/244 +	167	B	11:25	4.246/244 +	24	S	11:27	4.246/244 +	5	S	11:28	4.246/243 +	625	B
11:24	4.247/245 +	301	S	11:25	4.246/244 +	2709	B	11:27	4.246/243 +	10	S	11:28	4.246/243 +	425	S
11:24	4.247/245 +	1626	S	11:26	4.246/244 +	230	S	11:27	4.246/243 +	695	S	11:28	4.246/244 +	1088	B
11:24	4.247/245 +	2266	S	11:26	4.246/244 +	51	S	11:27	4.246/243 +	55	S	11:28	4.246/244 +	55	S
11:24	4.247/245 +	72	S	11:26	4.246/244 +	1226	S	11:27	4.247/243 +	5230	B	11:28	4.246/244 +	124	B
11:24	4.247/245 +	5076	S	11:26	4.246/244 +	1240	S	11:27	4.246/243 +	3330	S	11:28	4.246/244 +	394	S
11:24	4.247/244 +	1311	S	11:26	4.246/244 +	64	S	11:27	4.247/244 +	1	B	11:28	4.246/244 +	599	S
11:24	4.246/244 +	332	S	11:26	4.246/244 +	12	S	11:27	4.247/244 +	1	B	11:29	4.246/244 +	902	S
11:24	4.247/244 +	350		11:26	4.246/243 +	48	S	11:27	4.246/243 +	700	S	11:29	4.246/244 +	13	S
11:24	4.247/245 +	1		11:26	4.246/243 +	220	S	11:27	4.246/243 +	160	S	11:29	4.246/244 +	185	B
11:24	4.246/245 +	34	S	11:26	4.246/243 +	3288	S	11:27	4.246/244 +	5690	B	11:29	4.245/243 +	13	S
11:25	4.246/245 +	9200	S	11:26	4.245/243 +	655	S	11:27	4.246/244 +	311	S	11:29	4.246/243 +	454	B
11:25	4.246/244 +	3	S	11:26	4.246/243 +	5648	B	11:27	4.246/244 +	759	B	11:29	4.246/243 +	716	B
11:25	4.245/244 +	7980	S	11:26	4.245/243 +	358	S	11:27	4.246/244 +	4520	S	11:29	4.245/243 +	24	S
11:25	4.246/244 +	500	B	11:26	4.246/243 +	1010	B	11:27	4.245/243 +	20	S	11:29	4.245/243 +	9	S
11:25	4.246/244 +	2674	B	11:26	4.246/243 +	229	S	11:27	4.245/243 +	403	S	11:29	4.246/243 +	600	B
11:25	4.246/244 +	60		11:26	4.246/243 +	103	S	11:28	4.245/243 +	17	S	11:29	4.245/243 +	12	S
11:25	4.247/244 +	66	B	11:26	4.246/243 +	175	S	11:28	4.245/243 +	262	S	11:29	4.246/243 +	2816	B
11:25	4.246/244 +	2	S	11:26	4.246/243 +	4	S	11:28	4.245/243 +	10	S	11:29	4.247/243 +	2964	B
11:25	4.247/244 +	1	B	11:26	4.246/243 +	24	S	11:28	4.245/243 +	124	S	11:29	4.246/243 +	201	S
11:25	4.246/244 +	512	S	11:26	4.246/244 +	60	S	11:28	4.246/243 +	2830	B	11:29	4.246/244 +	230	S
11:25	4.246/244 +	28	S	11:26	4.246/243 +	68	S	11:28	4.246/243 +	146	S	11:29	4.246/245 +	90	S
11:25	4.247/244 +	3001	B	11:27	4.247/243 +	1835	B	11:28	4.246/243 +	19	S	11:29	4.246/245 +	6	B

图 16－2　市场是微分化的时间序列数据

自由与责任一体同源，一次交易的自由选择，将来要承担一份盈亏结果。股票或期货赋予参与者极大的自由，期货可以多空双向做，可日内来回做，还可以加资金杠杆。自由对能驾驭自由的人是如虎添翼，大多数人承受不了自由的重压，自由变成了恣意妄为，最终毁灭账户甚至正常的生活。

不少股民表面上渴望自由，实际上却在心底逃避它。为什么?

一个常见的现象是根据他人的建议炒股。假如一个股民没有买卖规则，他去请教炒股高手，希望人家给一只赚钱的票。那高手也的确给了买入理由和建议，他根据建议买入股票后不久，账户却出现了浮亏。

他可能会觉得亏钱是因为别人的建议不行，但亏损也只能自己去承担，他放弃了选择的自由，却承担了亏损风险。从炒股高手的角度看，他有决策自由却不承担交易的责任。自由和责任一旦分开，交易基本上就没法做了，两个人商量着炒股玩期货是行不通的，交易是一个人的江湖。

一个最简单的交易策略，是要有明确的买卖规则，要形成有进有出的闭环。分析师喜欢给出一个有头无尾的涨跌观点，没有明确的进出规则，即使看对了也很难落实得了。

因此，分析只是交易策略设计的基础，需要进一步地系统性思考。

本讲重点 3：系统性思考

有了明确的进出规则，的确可把有头无尾的纯粹分析向前推进一大步，但它并不能保证该策略可以稳定盈利。一个良好的策略，需要深入考察相关影响因素，需要进行系统性的思考。

一个完整的交易策略，至少包括哪些影响因素呢？

我们不需要去凭空想象它们，打开交易软件的持仓信息，稍微一看便知。首先能看到买入的股票名称吧，这是“标的”因素。到底买卖哪一只股票，各人有自己的选择，也是自己的自由。

股票通常是先买后卖，期货还有先卖后买的做空，这是“方向”因素。方向选择是一门大学问，看似非多即空简单极了，但什么时候应该多，什么时候应该空，多空方向的判断总存在滞后性。而人总以为自己比市场聪明，老喜欢走在市场前面去预测市场，逆势的风险隐患总是消除不了。

还能看到买卖数量，这是资金管理的“仓位”因素。仓位对绝大多数策略来说是外生变量。所谓外生变量，理论上一次买 1 手跟买 100 手一样，都不会对策略的盈利能力造成冲击。但外生变量若处理不好，单次仓位过重造成的亏损过大，会击溃交易者的本金或心理防线，也能毁掉整个策略。

构成进出场闭环的买卖点，是策略中最为核心的“时机”要素，要想恰到好处地跳进市场里随波逐流，不被水呛着了，不被水淹死了，就靠时机的精准。价格在不停地流动着，股民随时都可以跳进市场之流里，但真正的好时机需要耐心地等待，仔细地甄选。

等待什么？当然是等待交易的目标。“目标”是分级别的，稍微有点交易经验的人，都对目标清晰的重要性感同身受，目标一变，策略其他环节都要跟着调整，牵一发而动全身。

有人喜欢不断地切换大小目标，本来希望做一个小短差，一旦被套住了就改成中长线，把之前短线的止损点抛之脑后，还找出一堆继续死扛的理由。结果亏损的单子变成了长线，盈利的单子老想着落袋为安，亏的总是大的，盈的总是小的，不是说好了要盈大亏小吗？

“目标”因素设定的基础，是对市场本质的理解，以及对自己的了解。性格急躁的人做中长线可能没耐心，性格缓慢的人做短线可能会手忙脚乱，二者都会与市场节奏韵律不合拍。这就是最抽象的交易风格“理念”。

因此，完整的策略至少要包括理念、目标、标的、方向、时机和仓位，这六大因素一个都不能少。止损计划已暗含在一买一卖的时机里，不必单列成第七大因素。

六大环节的规则设计，好比六道无标准答案的难题，任何一个策略环节，都有很多现成的参考答案。不少老前辈们花费了几十年，甚至用一生寻找的答案已经大白于天下。

但前辈及高手们的现成答案未必适合自己，交易者必须根据自己的个性，一字一句地反复修改自己的答案。每一个策略环节的规则从构思到实践印证，然后得到自己的认可，再到发出下意识的交易动作，可不是三五年能搞定的，认识自己要远比认识市场花费的时间更长。

本讲重点 4：三类买卖点的稳定性

市场、策略和个性，是交易者获利的三大必要条件。市场无须过多考虑，行情总是会有的，股票市场在熊市时无非机会更少些。期货市场更不需考虑行情有无的问题，牛市熊市都有行情可做。

要实现交易的稳定盈利，必须要结合自己的个性，设计出逻辑一致性的、可重复执行的交易策略。一套交易系统的基本影响因子至少有 5 个，包括交易次数（N）、交易胜率（P）、交易盈亏比（R）、仓位（Q）、止损量（S）等。

交易是平衡的艺术，困难在于如何平衡各因子之间的关系。同时考虑了五大交易因子的系统性思考，已非简单的线性函数可及，只有高维度的函数才能解释各因子间错综复杂的影响关系。若以交易胜率和盈亏比为例，在不考虑交易成本的情况下，如何平衡二者间的关系呢？

假如做100次交易，盈利60次亏损40次，每次亏损1000元，必须每次盈利 $40 \times 1000/60 = 667$ 元，即胜率（P）$= 60\%$ 的情况下，盈亏比（R）$= 0.667$ 即可保本平衡。

假如做100次交易，盈利50次亏损50次，每次亏损1000元，必须每次盈利 $50 \times 1000/50 = 1000$ 元，即胜率（P）$= 50\%$ 的情况下，盈亏比（R）$= 1$ 即可保本平衡。

假如做100次交易，盈利40次亏损60次，每次亏损1000元，必须每次盈利 $60 \times 1000/40 = 1500$ 元，即胜率（P）$= 40\%$ 的情况下，盈亏比（R）$= 1.5$ 即可保本平衡。

其中暗含着一个平衡公式，$P \geqslant 1/(R+1)$ 才能保本或盈利。如果 R 可以达到2倍，胜率只要1/3，即33.3%胜率就行。若胜率低，则盈亏比一定要大些，才能保证多次交易的总结果是盈利的。

同样地，我们会发现仓位（Q）和止损量（S）也有关系，在亏损总额受限的情况下，如果止损小则仓位可以大些，止损大则仓位要小些。

交易次数（N）与周期级别直接相关，在同样的进出规则下，周期级别大，交易次数（N）就小，反之，周期级别小，交易次数（N）就会更频繁些。

为什么建立盈利模式如此之难？不但要找到这三个跷跷板的各自平衡点，还要找到三个跷跷板组合后的总平衡点。更困难的是无法建立对模式的信任，一段连续的亏损摧毁了对交易模式的信心，可能会诱发过度优化，把好端端的策略修改得面目全非。

稳定盈利的交易策略模式，好比是把止损量（S）原料放进去，经过系统“小头进、大头出”的正向扩大效应，产生出R倍的产品来。没有胜算的交易策略模式，投入的本金多而产出却太少，会形成“大头进、小头出”的亏损模式。

策略模式没有稳定之前，某一笔交易可能是“小头进、大头出”，也有可能是“大头进、小头出”，还有的交易是持平的。因为交易行为本身混乱，所以交易的结果也不稳定。这时很难建立对交易方法的信心，更谈不上把交易系统升华为信仰系统了。

缠论宣称自己的三类买卖点模式是100%绝对安全的，是被逻辑保证的。这该如何理解呢？现在可从策略胜算的角度分析一下。

博主先说任何买卖点都是有风险的，因为风险是不患的，是无处不在的。不久后突然话锋一转，宣称其三类买卖点都是100%绝对安全的，是被逻辑保证的。一方面读者可能觉得，说三类买卖点绝对安全明显有悖于事实；另一方面却也看不出博主的推理有啥问题。

原来，博主在探讨背驰及转折力度时，已经率先假定：发生背驰的中枢是最后一个。如果真的是最后一个，那还有什么好说的，不但一买毫无风险，随后的二买和三买必在一段上行走势里，当然也没有任何风险了。

这种假设的逻辑根本经不住推敲，谁能保证当下的中枢就是最后一个？博主在探讨背驰后的各种走势之前，有意无意地把继续下跌的可能性淡化了。倘若博主公开点明这一点，会直接掉粉一大半。佩服缠师深谙人性，大约是先以欲勾人，后令入缠论，是故意说些吸引人、刺激人的话。

如果放松不再下跌的绝对性假设，在不确定性的背景下，三类买卖点的操作价值又何在呢？

第一买点是依据背驰信号找到的，精确的进场点可利用底分型或区间套。止损防守一定不会太大，一旦成功会盈利一笔或一个线段，盈亏比非常高，会满足平衡公式 $P\geqslant 1/(R+1)$，按照第一买点操作千百次的总结果是有概率胜算的，可以获得稳定的正收益。请注意是“稳定的”，不是“绝对的”“必然的”，也不是“100%的”，这些词不允许出现在相对性思维里。

同样地，第二、三类买卖点的进出场也可搞精确些，止损小，盈亏比高，若长期坚持做二买或三买定式，也具有稳定的盈利能力。

缠论对三类买卖点引以为傲，绝非不切实际的自我浮夸。从概率的角度可知三类买卖点具有极高的实战价值。

17　定式交易，贵在恒一

顺“市”而为的理想心境，即使达不到零向量，也要能心无杂念地汇入市场母体中去。杂念既来自市场涨跌的诱惑喧嚣，又来自内心想法的杂乱纷扰。交易定式是杀伐自心贼、克制己贪欲的金刚利刃。

本讲重点 1：定式一招鲜

一家餐馆要是没几个拿手招牌菜，肯定开不长。有空到美食街逛一逛，有的餐馆前食客们排起长长的队伍，有的餐馆却门可罗雀。随便问一个排队候餐的人，他一定能准确地说出这家什么菜好吃。

绝大多数股民竟然忽视了这个常识，从来没想过要研发自己的招牌菜，多年交易下来，操作手法还是固定不了。今天听这个消息进场，明天找那个理由买入，买卖的依据杂乱无章，如何能获得稳定一致的盈利呢?

定式交易，就是固定某种操作的模式，常年如一地如是分析，如是执行。行情走势符合了开仓条件就做，持仓条件消失了就走，盈亏都是按规则操作的结果。那些一致性的、可重复的交易定式，是保证稳定盈利的前提条件。奥妙是各种“一招鲜”的交易定式里，已经平衡好了系统各因子间的关系，只要长期坚持地做下去，大数定律里就隐含着稳定的正收益。

定式交易好比“削足适履”，削市场的足，适自己的履，把自己定式之外的走势排除掉。只赚自己认知范围内的钱，不侥幸赚认知能力之外的钱。交易是很奇妙的事儿，可把“盲人摸象”“坐井观天”“三板斧”等词儿逆袭成极高明的交易思想。

个人跟市场比起来，不但自己的认知有限，而且时间和精力也非常有限，还在资金量上跟市场一比，简直微不足道。一招鲜貌似简单，但不经多年的淬炼很难固守住它。十技平平，不如一技长长，能领悟到“只取一瓢饮”智慧的人，鲜矣!

本讲重点 2：中枢震荡的差价定式

原文曾提到两种利润率最大的操作方式，一种是只做三买定式，另一种是围绕中枢震荡做差价定式，其实就是在价格区间内做高抛低吸。

“在你的操作级别下，中枢上移中，是不存在着任何理论上短差机会的，除非这种上移结束进入新中枢的形成与震荡。而中枢震荡，就是短差的理论天堂。”［J73］

图 17－1 是沪深 300 股指期货主力合约连续图，在 30 分钟图表上使用简易缠技法，直接用笔定义出中枢，形成包含了两中枢的上涨走势类型。0－1 一笔上攻后，经 1－2－3－4 构成第一个中枢区，当看到 3－4 一笔无力跌破 2 处的低点，或者稍微跌破即拉回，则可计划在 3－4 一笔结束点，着手进行围绕中枢区间的差价操作，目标是做 4－5 一笔的利润。

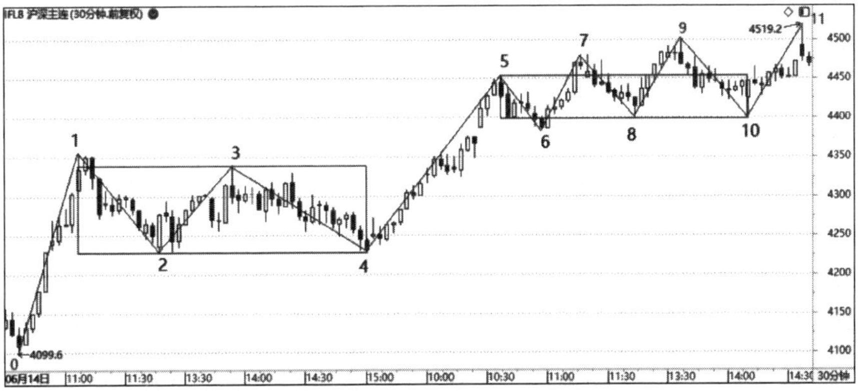

图 17－1　中枢震荡区的差价定式

可利用区间套寻找精确的入场时机。用 5 分钟图表放大 3－4 一笔的内部结构，如图 17－2，高点 4340.4 后先有 a 段的打压，继而形成中枢 A，b 段离开中枢 A 并形成第二个同向中枢 B，虽然中枢 A 和 B 因重叠构成了扩张中枢，为了清晰凸显 a、b、c 三次向下攻击的主节奏，以两个独立的中枢处理。至 4227.0 低点则构成了 a＋A＋b＋B＋c 的下跌走势类型，根据背驰信号定位出 4 处的一买，即可获得更精确的入场时机。

继续分析上例，图 17－1 中 4－5 一笔成功后，5－6 的回撤站稳在中枢之上形成三买，之后经 6－7 的拉升及 7－8 的回撤构成第二个中枢。

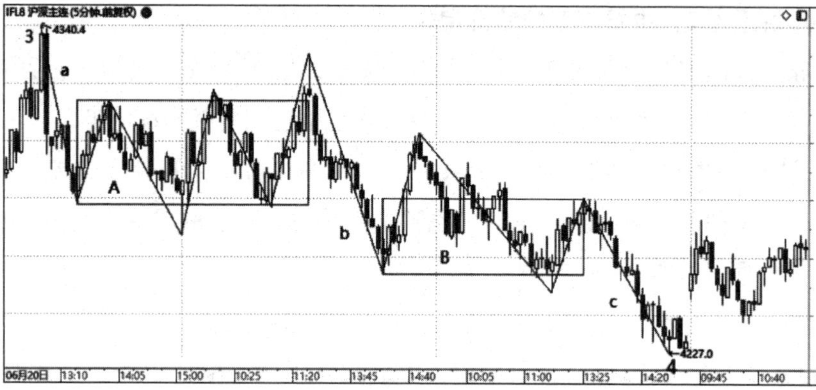

图 17－2　用次级别趋势背驰找精确的差价买点

如图 17－3，观察 7－8 一笔内部结构，其包含 a－b－c 三次主跌节奏，比较 c 和 b 的力度，力度更弱的 c 段是背驰段，可根据这个盘背信号找到 8 处的 5 分钟级别的类第一买点入场，随后可抓住 8－9 一段的利润。

观察 9－10 的内部结构，是包含一个中枢的盘整走势，比较进出中枢的 a 段和 b 段，发现 b 段的力度明显弱于 a 段，形成了盘整背驰信号，可在 10 处找到类第一买点，作为 10－11 一笔目标的精确入场点。

图 17－3　用次级别盘整背驰找精确的差价买点

本讲重点 3：第一买点的抄底定式

在三类买卖点中，对人诱惑最大的非第一买点莫属。博主说第一买点是 100% 无风险的，而且是第一个有利的买入位置，既满足了股民不愿意承担风险却想获利的贪心，又满足了股民的完美主义，谁不想抄底在最低点呢？

第一类买点除了情感上的不舍，在实战中也很难避开。缠师说任何高级别的买卖点，都对应着某个低级别的第一类买卖点。多级别联立和区间套思想的运用，让第一类买卖点的角色举足轻重，是进出场时绕不开的最佳时机。

第一买卖点的捕捉并不容易。

首先，第一类买卖点稍纵即逝，需要盯盘。理论上的最佳买点在实战中未必能抓得住，毕竟人的判断和应对都有滞后性。

其次，第一类买卖点非常不契合普通人的心理特征。第一类买点出现时，市场可能正处在大跌的悲观氛围下，要想做到众人皆恐我独勇，众人皆贪我独醒，未经训练的人非常难以适应。

再次，第一买点要承担逆势的风险。没人能保证背驰信号后的第一买点一定会成功逆转，抄底抄在半山腰的人还少吗？

天才的利弗莫尔告诫说："任何人所能学到一个最有帮助的事情，就是放弃尝试抓住最后一档或第一档。这两档是世界上最昂贵的东西。总计起来让股友耗费了千百万美元，多到足以建造一条横贯美洲大陆的水泥公路。"

最后，对第一买点的态度要豁达些，抓住它是理想目标，抓不住也无妨。智极则愚也，大智知止小智唯谋，智有穷而市场行情无限。可谓月盈则亏，大成若缺。

虽然抄底第一买点极难，但经过专门训练的人是能把握住的。抄底一买的重要依据是盘整背驰或趋势背驰。在月、周等大级别上，只要有盘整背驰就可以考虑抄底"类"第一类买点了。

图 17 - 4 是中国人寿的月线图表，从最高点 69.92 至最低点 8.94，勾画出几笔之后，一个盘整背驰结构即可呈现，根据背驰信号定位出大致的第一买点位置，再利用月线底分型或次级别走势的背驰，应该可以抄到 8.94 附近的历史大底。

抄底的技法并不难，关键在于当时抄大底的底气何在。这非常考验技法之外的功夫，众人皆悲观，我凭什么乐观呢？

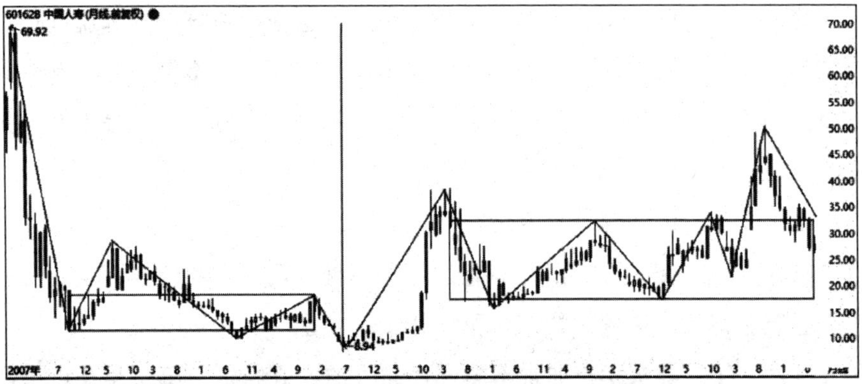

图 17-4 根据月线的盘整背驰抄历史大底

不但在月线级别上，而且在周线级别上，有些票也只有单中枢盘整结构。如果固守“没有趋势，没有背驰”规则，就很难找到最佳的第一类买点。必须扩大背驰的概念，大大方方地承认盘整走势的背驰信号，才能提高缠论的普适性，才能增强缠论的实战性。

图 17-5 是深证成指周线图，高点后先来一个 a 段的打压，接着是多空在中枢 A 区域的纠缠，离开中枢 A 的 b 段是背驰段，7011.33 低点附近就是盘整背驰信号定位出的第一类买点。

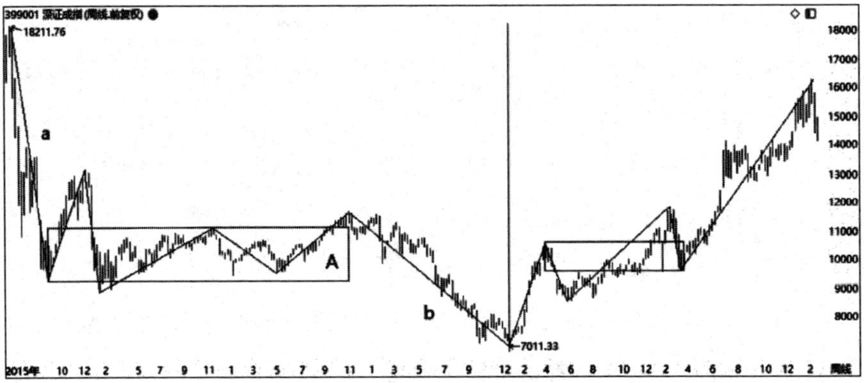

图 17-5 根据周线的盘整背驰抄大底

在稍小些的日 k 线级别上，可用趋势背驰信号找到经典的第一类买点。图 17 - 6 是上证指数日线图，3587.03 后渐次走出 a + A + b + B + c 结构，c 是围绕中枢 B 与 b 比较出的背驰段，由趋势背驰找到了第一个一买信号。一买反攻后的回撤是假跌破，稍破了 c 低点即开始上拉，比较 d 和 c 的力度可以判断出盘背信号，可知 2440.91 处的大阳线是第二个第一买点信号。

从当下动态角度看，盘整背驰或趋势背驰是定位第一买点信号的依据。但是一买后走势能否成功转势不得而知，没有人能保证一买必须成功。

图 17 - 6　根据日线的趋势背驰找第一买点

缠论还提到一种机械化操作模式。也是用趋势背驰或盘整背驰找买点的。图 17 - 7 是上证指数 30 分钟图，使用同级别分解技法，只考虑 30 分钟级别的走势，易知 b1 段围绕中枢 A 与 a 段比较产生了盘整背驰，可根据类第一买点在 0 处买入，利润目标是 0 - 1 段走势。

入场之后在何时平仓呢？可用次级别 5 分钟图表，将 0 - 1 内部放大，如图 17 - 8，放大后的结构从 0 - 1 包含一个标准中枢，但是进出中枢的 a 段和 b 段并没有发生背驰信号。

继续观察后续的多空争斗，c 段的力度明显不如 b 段强，可知 c 段是背驰段，二者形成了盘背信号，再结合顶分型或其他分析技术，找到高点 3625.02 附近的第一类卖点，这笔交易就可以结束了。

随后 1 –2 对应的 b2 段试图离开中枢 A，可惜力量太弱，和 a 段比起来又产生了盘整背驰，可在 2 处再次抄底类第一买点。

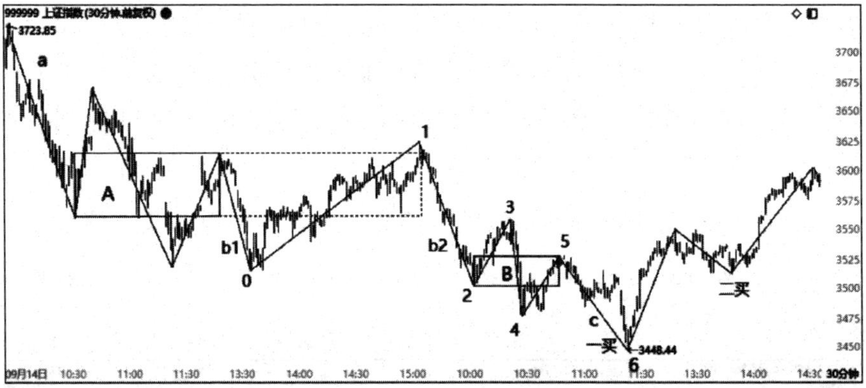

图 17 –7　第一买点的机械化操作

图 17 –8　利用盘整背驰找第一卖点

紧接着 2 –3 –4 –5 形成第二个回升反弹型中枢 B，离开 B 中枢的 c 段和 b2 段相比构成背驰段，根据趋势背驰信号可以第三次抄底买入，在 6 处 3448. 44 低点附近，找个底分型的入场时机即可。

在第三次抄底时，空头力量已经三鼓而竭了，一买之后的回撤无力跌破 3448. 44 低点而形成了第二买点，一个新鲜的 30 分钟的上行走势蓄势待发。

18 物极必反，二买心安

三类买卖点是缠论最经典的交易定式，中枢震荡差价定式在宽幅震荡区也可参与。以上各交易定式都是伏击法买入，如果考虑突破法买入，还可以开发中枢突破的交易定式。

本讲重点1：交易定式之“二买心安”

一买和二买尚处在走势未明朗的中阴区（二、三买重合的特例除外），一买和二买有抄底的倾向，它们博取的是物极必反的获利机会。第三类买点前面至少有一个盘整走势支撑着，博取的是顺势而为的获利机会。

原文曾建议一般的散户从第二买点出现后再考虑介入。或者更干脆地，从第三买点出现后再介入。第二买点既不像第一买点那么激进冒险，又不像第三买点的滞后性那么强。

推荐二买定式最有说服力的理由是，假如背驰及一买成立，随后不管是盘整还是上涨，在逻辑上都必然有一个上行的走势段。即使把假设成立的条件拿掉，我们也知道第二买点是高概率成功的点。

另外，第二买点入场后有第一买点作为参照点，防守有了更明确的依据。如图18－1中，在两中枢下跌走势的末尾，通过背驰信号确定第一类买点，一买后的第一次回撤不创新低，就是第二类买点。

综合看来，虽然二买也是物极必反的定式，却比一买定式更易心安些。

任何交易定式都至少要设计好“一进二出”的操作规则。从第二买点入场后，如果操作级别较小，且仓位不重，止损点可以设置在第一买点附近。如果操作级别较大，仓位又重，止损点可放在最近的底分型的底一线。

类二买的止损规则和二买一样，类二买也是中枢震荡差价操作的第一个低吸高抛的点。二买和类二买的精确入场点都可用区间套找到。

进场和止损出场规则定好后，盈利出场规则要根据目标大小而定。如果交易目标仅仅是二买之后的一笔，或者一个次级别走势类型，可根据次级别的背驰或盘整背驰信号离场。

如果交易目标是二买之后一大段走势，则可以根据本级背驰或盘整背驰信号离场，一旦成功的盈亏比非常高，高达10倍以上都是有可能的。

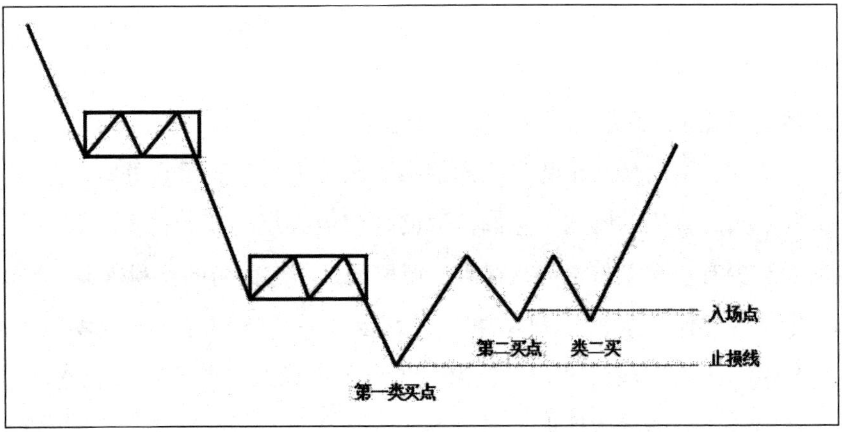

图18－1 “二买心安”交易定式图示

多单买入后可在一卖——最迟在二卖——离场。如果是可以做空的期货市场，二卖则是反向的做空点，属于“二卖定式”，如图18－2所示。

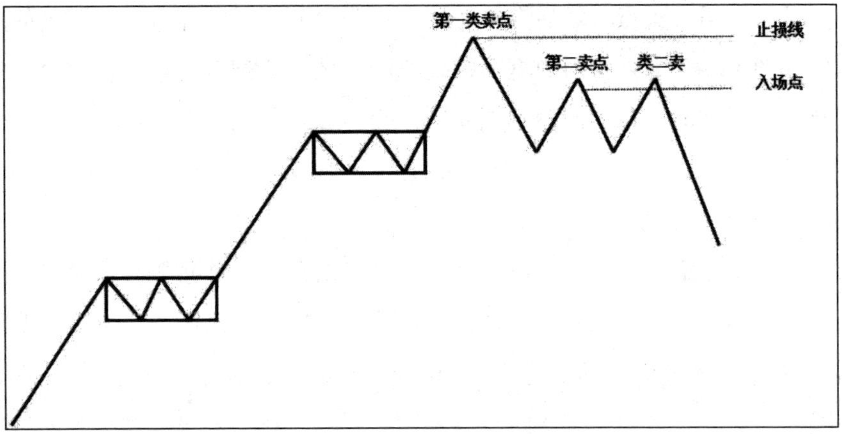

图18－2 “二卖心安”交易定式图示

本讲重点2："二买心安"的交易案例

案例一：中信建投

当时会关注中信建投这只股票，也因为交易室的看盘软件是中信建投的，那个大客户经理隔三岔五地来交易室聊聊天，看看盘。

2018年6月20日，中信建投以5.42元挂牌上市，第一天以最低价6.50元开盘，以最高价7.80元收盘，要是没有新股涨停板限制，恨不得当天就直接涨到10元去。

当时打新股只要中签就能翻倍赚，中信建投从次日开始连续出现4个一字涨停板，这一点毫无意外。但到了第六个交易日，上冲到11.98元后竟然一路下跌，一直跌到2018年10月12日的6.15元，跌破首日开盘价。

该股在上市前媒体一致看好，公司的各种利好满天飞，让人感觉到此股有巨大的上升空间。才仅仅过去了三个月，利好的声音不见了，取而代之的是沉重的悲观情绪。要知道在一周后，大盘指数才跌到2449的局部最低点，此股却率先一周暴跌，惨烈程度超过了大盘指数。

当股价跌到了每股净资产附近，市场悲观极了，笔者感觉可能是个机会。如图18－3，在日线图上出现的三次主要下跌中，第三次的力度明显在减弱。不管是从k线图表上，还是从MACD绿柱面积对比上，都可看出背驰信号。在6.15最低点之前的最后一次暴跌，是典型的空头陷阱。

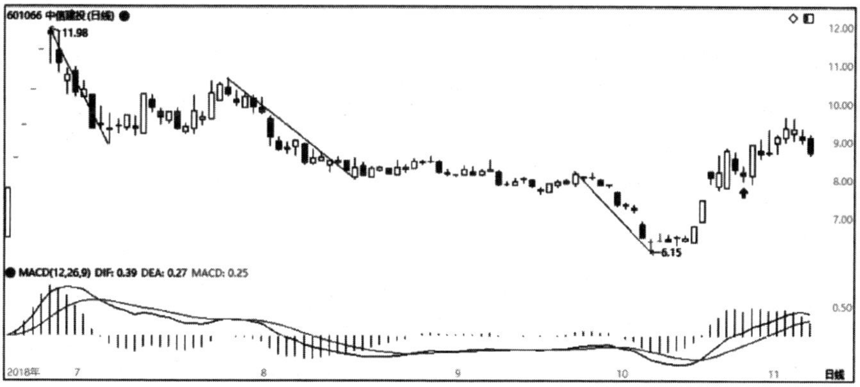

图18－3 中信建投证券股价日线

2018 年 10 月 19 日大盘低开，稍微往下打到 2449 点后强势拉升，当日几乎以最高点收盘，只是量能还没有明显放大。次日指数又跳空大涨 4.09%，成交量和前几天比起来差不多翻倍了。

10 月 19 日，中信建投的盘面与指数同步出现了萌动迹象，我们就把第一批试探性仓位打进去，当日股价上涨 5.08%，以一个光头阳线收盘。

10 月 22 日周一涨停，周二以涨停板开盘，但午盘开始后停板被砸开，当日以假阳线报收，还留一个跳空缺口，同事们建议等缺口回补后再买入。接下来两天的价格依然强势，笔者判断这缺口可能是突破型的，不一定给回补缺口的买入机会，就在 29 日的阴线里把第二批的主要仓位打进去。

在图 18－4 上可以看出，第二次入场是依据 60 分钟级别的二买定式。11.90 高点之后，多空力量进入第一个中枢纠缠区，强大的空头脱离中枢后，再次暴力打压并形成第二个中枢。到了 6.15 低点附近，出现了背驰信号及第一买点，一买之后该股强势拉升，一个较浅的回撤构成了第二买点。

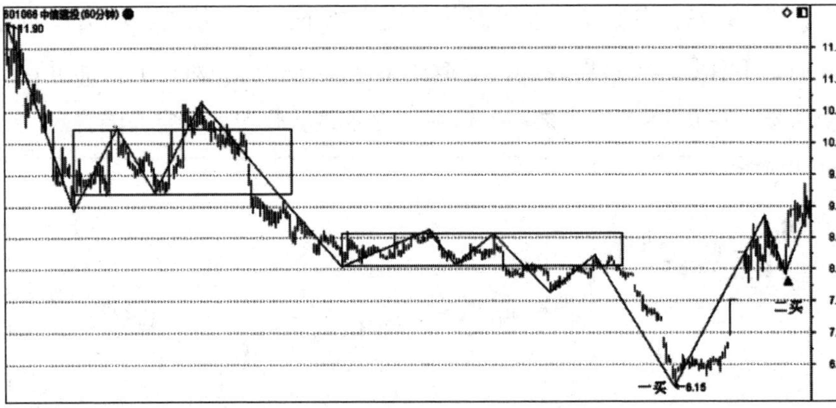

图 18－4　根据 60 分钟二买定式入场

在 12 月下旬该股遭遇了一次大回调，但当时市场情绪已经变得很乐观，而且第一批仓位就是根据日线一买抄底的，加仓后也有了较大的浮动利润，有足够的能力抵挡住 60 分钟的回调，所以也没有根据 60 分钟卖出信号减仓，一直到2019年3月下旬才分批结束本次交易。

案例二：沪镍

在有色金属里笔者一直偏好做镍，别看它价格高，但因为每手只有1吨，占用保证金小且盘面极其活跃，止损也很好控制，长期观察看来它比铜、铝、锌更适合中短线操作。

炒期货笔者一向以技术分析为主，甚至不考虑基本面因素。一是基本面的分析太复杂了，各种多空影响因素交织在一起，主要的矛盾和传导的逻辑都很难搞定。二是期货有资金杠杆，稍微风吹草动对资金的影响都较大。股票因没有杠杆可以更从容些，被套了扛一下也不会有致命伤。期货可不能扛，生存是第一原则，基本面之类的影响因素要靠后些，资金搞没了，什么面都救不活。

如图18－5，沪镍主力价格从高点99300跌到2016年6月14日的71520低点。一般来说，期货价格的涨跌幅在15%～20%已经属于大行情，此轮镍的下跌幅度竟然高达28%，大跌之后可能孕育着买入的好机会。

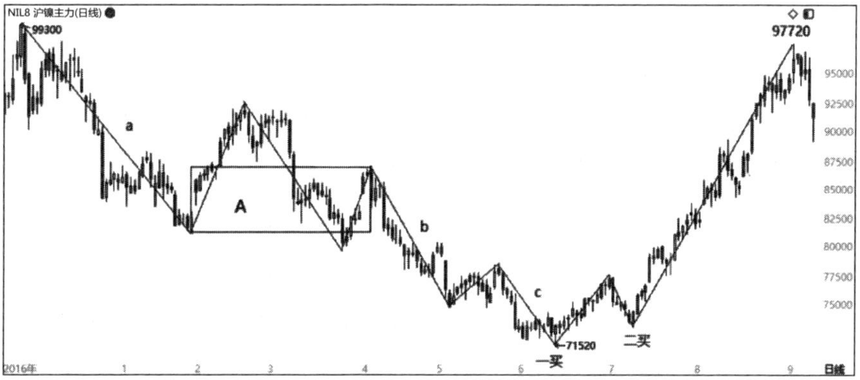

图18－5　在沪镍日线上的二买定式

观察从高点到低点的内部结构，a段行情走势一波三折，为勾勒出清晰的市场节奏韵律，直接把它作为进入中枢A的走势段，这是缠论的结合律所允许的。

可以发现离开中枢 A 的 b 段力度比 a 段小，此时即构成盘整背驰信号，喜欢博取反弹的激进者，可以根据此盘整背驰信号入场，但一定要设好止损。

事后看该盘整背驰后的反弹力量很弱，随即演化成中枢下的第三类卖点。且 c 段已是空头的第三次打压，三鼓而力竭，c 段和 b 段比力度明显减弱，形成了盘背信号，可由此找到 71520 附近的一买。若想更精确地找到一买，可用日线底分型，或用次小级别的区间套。至此，一个 a + A + b + B + c 下跌走势完成，其中 B 是类中枢。

在期货市场的日线图里，不容易找到标准的两中枢下跌或上涨走势结构。经常出现所谓的线段类走势，或单中枢的盘整走势。这也是笔者主张用类中枢定义走势的原因，像沪镍这种跌幅接近 30% 的行情，若机械定义为单中枢的盘整走势会违背常识。真实的节奏是第一位的，没必要固守中枢规则。

当第一买点出现时，市场处在浓厚的悲观氛围里，没有人知道底在哪里。还有信口雌黄的人大唱崩盘的调子，此时逆势买入的心理压力极大，所以，第一买点是反大众心理的。

笔者继续观察并耐心等一个回撤下来。笔者就是在 2017 年 7 月 11 日的 74000 元一线入场的，买入后就有了浮动盈利，当日的中阳线收盘令人欣喜，第二天底分型才被构建出来，笔者几乎赌到了最精确的第二买点。

买入镍的利润目标本是二买后的一笔，虽然感觉到成功率比较高，但是怎么也没想到行情竟然如此流畅，不到两个月时间价格飙升到 97720 元/吨，上涨幅度超过了 30%，连一个考验持仓心理的大回撤都没有。

沪镍的离场不可能卖在 97720 最高点，部分仓位是高点之前主动走的，另一部分是在 9 月初回撤后走的，几十张单子的平均利润超过了 20000 点，已经令人非常满意了。

笔者对这次交易的印象非常深刻，买进去就开始盈利，持仓过程也很顺利，运气真是好极了。等到 8 月中下旬，市场名嘴开始绘声绘色地讲述镍疯长背后的故事时，笔者已经持仓一个多月了。

第二买点定式为什么让人更心安？它前面有第一买点作为心理支撑，市场崩溃的可能性大大降低，背靠第一买点止损的底线也非常明确。同样地，一卖平仓也是可遇不可求的，在人声鼎沸的乐观预期下，谁能舍得离场呢？

案例三：豆粕

在成功的第二买点定式里，不得不提一下 2019 年的豆粕交易。

根据对粕多年的观察，在春节后的豆粕和菜粕消费旺季，大概率有一拨至少 400 点行情，有时候涨幅高达上千点。商品有基本的成本价，豆粕似乎一跌到 2400 附近就跌不动了，结合季节性可能有抄底的好机会。

根据笔者对豆粕月线图表的观察统计，若连续大跌 4 ~ 5 根大阴线后，有七八成把握要反弹几个月。截至 2019 年 2 月已经连续 5 个月出阴线了。综合季节性、成本价和统计规律，笔者坚信豆粕马上有大机会。

目标机会既定，剩下的就是等一个入场点。如图 18 –6，从 3364 高点下来的 a 段，不但跌破近三年来的支撑线，还一跃而过 3000 元整数关口。跌到 2900 时，多头只是稍微挣扎反弹了一下，又被空头压低了 400 多元。

终于等到 b 段下跌结束后，多空进入中枢 B 纠缠区，中枢 B 还是个奔跑型的，可见空头力量之强。第三次下跌 c 段的力度已经不如 b 段了，出现了趋势背驰信号，第一买点在绝望中诞生了。

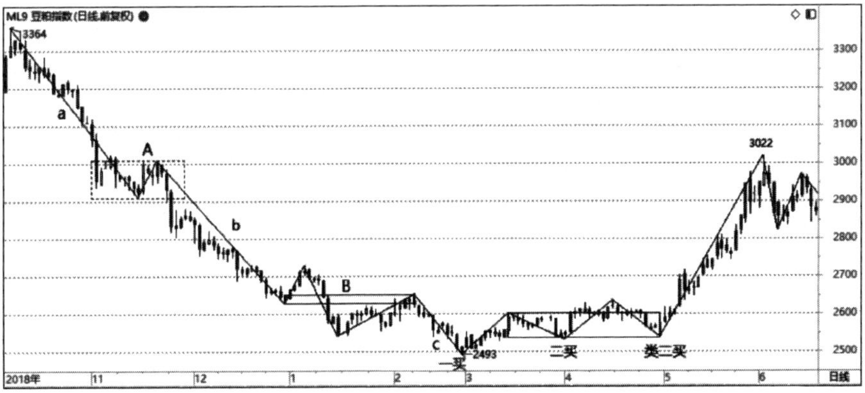

图 18 –6　豆粕日线的二买定式

在2019年2月28日2493低点的一买之前，笔者已试探了一点单子，想验证一下自己的判断，结果还被套了一点，但是信心一点儿都没有受挫。一是试探的浮动亏损微不足道，二是当时似乎利空出尽了。市场流传的豆粕故事里已经没有更新鲜的利空情节，不少人已经开始加入看涨的题材。

3月1日因加拿大正式启动对孟某某的引渡程序，市场担心中加关系恶化会对加拿大菜籽进口有重大影响，菜粕周五夜盘暴涨近4%，一根拔地而起的大阳线特别突兀。恰好周五白盘笔者曾建议一个朋友可以买菜粕，结果晚上菜粕就出重大利好，笔者率先买的却是豆粕，缘分真是很奇妙。

但豆粕却没有大反应，盘面只出一个中阳线。这个消息更坚定了笔者对粕未来行情的看好。笔者还希望市场再跌一个新低，那时候直接重仓抄底进去，好不容易等到3月中下旬的回撤，随着4月3日盘面走强，笔者感觉不能再等什么新低了，就在第二买点处重仓入场。

笔者准备用100~150点止损至少赌一个400~500点的大行情，3~5倍的盈亏比也划算。随后行情又纠缠了近一个月，一直在100点的小区间内来回晃悠。笔者还是特别有耐心，依然觉得这次豆粕赚钱的概率很高，准备再给它3~5个月时间。

在类二买之后“五一”假期刚结束，笔者和两个朋友聊天，并提出笔者对豆粕的交易计划，他们对这个计划非常赞同，但还没来得及筹集资金进场，第二天行情就启动了。价格突破2600附近密集区后一路高歌猛进，一个月时间不到就上攻到3000之上。5月27日、28日、29日这三日豆粕和菜粕红极了，整个期货市场就看它们俩表演了，在29日还来了个很酷的涨停板呢。

物极必反！5月30日当日高开后，稍微回落一点继续创新高，随后的日内价格却一路下行。多年的看盘经验告诉笔者，若日线放量且出现大阴线，是个非常危险的见顶信号，笔者当天收盘前就平掉了大部分仓位。剩下的仓位在6月6日顶分型出现后全部离场。虽然出场价格都在2900附近，但是这两种平仓方式的道理是大不相同的。

果真如预期一样，这次豆粕逮住 400 多点利润，虽然 5 月 30 日后的两三个交易日里，豆粕的行情仍然表现强势，但已经没有中长线参与的价值。随后的走势开始大幅度回调，开始进入周线级别的中枢构建阶段。

好的交易从一开始就是好的，其中自然有运气的成分，也有趋势的帮忙，有了基本的交易定式后，定式之外的好东西更喜欢锦上添花。

19 顺势而为，三买突围

第三类买点定式，属于顺势而为的风格。三买之前至少有一个中枢盘整支撑着，而第一类买点却有个中枢压制着，一买遭遇的是逆境，三买所处的是顺境。错过了一买和二买还可用三买弥补，三买后行情一般会开始主拉升，虽然吃不到完整的利润，吃一段最流畅的行情也可以，三买的操作价值极高。

本讲重点1：交易定式之“三买突围”

根据第三类买点的定义，要求一个次级别走势离开中枢后的回撤，不能再进入中枢区间，意味着三买后的次级别上攻，受到下面中枢盘整区的支撑，有中枢大本营的助力，三买的成功率也能提高些。第三买点也是中枢震荡区被终结的标志，它突围了纠缠的中枢区间，所以可称为“三买突围”定式。

如图19－1，如果利润目标是三买后本级别的一笔，可以用次级别背驰找精确的进出场点；如果利润目标是三买后的一段，也可直接用底分型入场。较大的利润目标，对进出场的精确度要求更低一些。

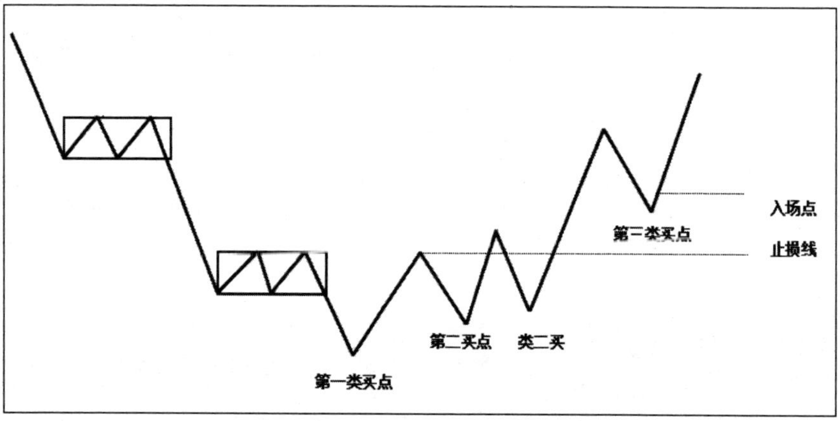

图19－1 “三买突围”交易定式图示

三买前面中枢的 ZG 一线是最符合逻辑的止损点，如果跌破 ZG 意味着三买失败。三买既已沦陷，则根据三买入场的单子，其持仓理由不复存在了，此时不离场更待何时呢？

如果操作级别是日线及以上的大级别，止损可设在三买所在的底分型的底一线。在日、周、月大级别上，若三买的防守还设在中枢 ZG 处，似乎太大了。

如图 19－2，“三卖突围”是乘御下坠之势的好机会。“一进二出”的设计规则和三买定式一样，入场可以利用顶分型或区间套，止损可以设在顶分型的顶，或前面中枢的 ZD 一线。利润目标可以是三卖后本级别一笔，或当下走势的剩余部分。三卖后的下跌如滚石，跌起来比上涨快多了，而且还不一定需要放量的配合，无量靠价格的自重力照样能跌下去。

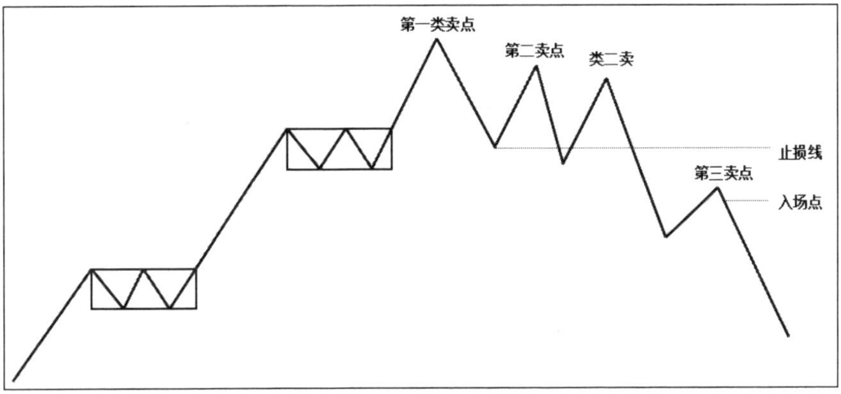

图 19－2　“三卖突围”定式交易图示

关于各种交易定式止损价的设置，除了根据技术分析点位设置，还可从资金管理的角度，根据以损定量的原则反推出止损的点数或价位。

“顺势、轻仓、止损”是炒股玩期货的六字真经。顺势就是顺势而为，因为对“势”定义不一样，对顺势而为的理解也各不相同。轻仓，不是说仓位必须小，重点是通过调整仓位和止损点，把单笔的亏损控制在本金的可承受范围内。比如，碰到止损小、胜率高、潜在盈亏比大的好机会，就可以考虑重仓干进去，但是此时的总止损额并不大，是可以承受的。

本讲重点 2："三买突围"的交易案例

案例一：长安汽车

如图 19－3，在最低点 5.55 附近，可根据盘背信号找到第一类买点。离开中枢的首次回撤在 1 点处止跌，站稳在左侧中枢的 ZG 之上形成三买。三买后的一笔上攻获得中枢的支持，顺着多头强势的力量更上一层楼。

图 19－3 顺势而为的"三买突围"定式

如图 19－3，在 1 处的三买是走势刚刚明确的点，2 处的买点更合乎顺势而为的思想。此买点依托 60 日均线的支撑，处在上行走势的加速阶段。其实 2 处的买点是"类三买"，不过缠论原文并不单立"类三买"一词。

三买定式是比较成熟的一笔交易模式，笔者也经常推荐给朋友使用。这只股票在 1 处和 2 处的买点笔者都参与了，买入细节也很简单，找个底分型入场，找个顶分型出场，真的就是看和干而已。

3 处的买点也是顺势而为，虽然事后看失败了，但是笔者当时依托均线在此点买入也符合规则。交易重在过程，规则是渡过不确定性暗黑区域的唯一凭借，不能简单地以交易的盈亏结果，去评价交易的操作过程。

第三类买点会有不同的表现形式，实战中不能仅仅根据标准的中枢去找。除了刚刚谈到的"类三买"和均线支持处的买点，类中枢之上的三买也有非常高的实战价值。

案例二：京东方 B

2016 年 5 月 18 日京东方 B 股跌到了 1.75 元，之前的下跌走势是以中枢背驰方式终结的。一买之后形成二买和三买，如图 19－4，当时笔者和一个大客户合作，他之前持有了一些京东方 B 股，等到三买出来后我们又开始准备买入，当时京东方 B 股盘口成交清淡，稍微多买一点，自己的委托单在盘口上一眼就能看见。

图 19－4　在京东方 B 日线上的三买定式

我们在 2016 年 8 月 8 日到 9 日两天里，在三买附近分多次买入，好不容易把第一批单子打进去。接下来的两周里盘面小幅推升，随后价格又回到 2 元附近，但并没有跌破三买的低点。

“十一”长假结束后，第一天开盘后盘口变得活跃起来，我们一看机会来了，当日又进了百十万股，第二天盘面继续推升，接着就把第三批仓位给吃进了。建仓完毕之后价格稍微突破中枢一点点，随即又安静了两周。11 月 2 日终于出现一根大阳线，不过上影线很长，接下来又是两个月的清淡期。

进入 2017 年之后，京东方 B 开始进入稳定的上升期，价格不断推升，一直到 8 月中旬价格跌破 60 日均线，大客户减掉了部分仓位，好在剩下的仓位到了年底高点出现后才离场。不活跃的市场特别考验人的耐心，缠论理论上精确的买卖点和实际成交之间颇有差距。

案例三：沪铜

早些年沪铜期货和天胶期货都是板块的龙头，这几年两个龙头的活跃度稍微下降了。炒期货如果没有屠龙的经历都不完整，被大龙伤害过也算数。

2013 年春节过后工业品开始走弱，图 19－5 中，可看到最高点 0 处左边是一个单中枢的盘整走势，盘整背驰信号及第一卖点开启了下跌行情，60270 高点之后，首先来一段 0－1 流畅的下跌，1－2 的反弹无力回天，在 2 点处形成三卖和二卖的重合点。

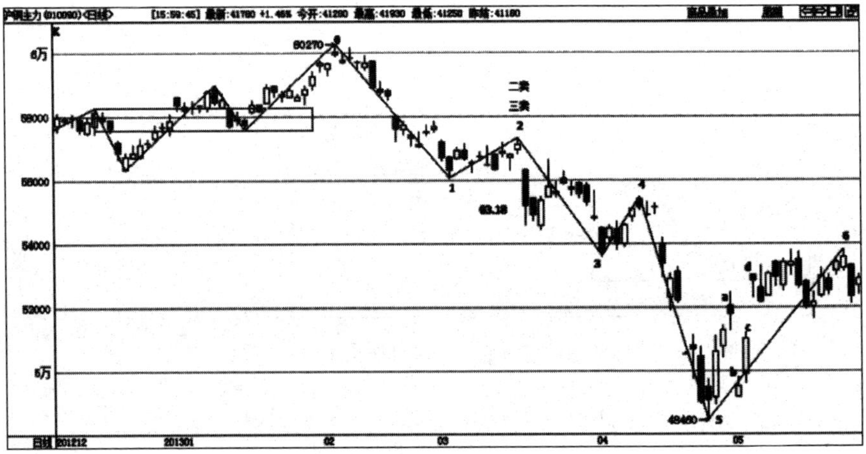

图 19－5　沪铜日线上的“三卖突围”定式

当时笔者和一位老前辈几乎同时做空了铜，资金方对空铜计划也比较支持。可谓得了天时、占了人和，可惜没有占到地利优势。回头看沪铜这轮行情下跌了一万多点，下跌空间是很大，但对趋势交易来说并不容易把握住。

2 处的第三卖点的顶分型在 2013 年 3 月 18 日形成，隔了一个周末，下周一开盘就跳空 500 点下来，直接跌破 1 处的 56000 点整数关口。

笔者正是在 18 日开始做空铜的，按照当时对铜的分析，沪铜月线级别的跌势刚呈现，如图 19－6，起码要跌到 40000 点去，这种 500 点的缺口几乎可以忽略不计，也不过是少下几张单子而已，只要把止损放宽些就行了。正是当时重势不重价的思想，让这笔交易的很多细节处理得不到位。

做空后第二天，价格出一个意料中的小阴线，且被 18 日 k 线包含着。其后的两天价格开始反弹，基本上回补了 18 日的跳空缺口。上影线的渐渐形成显示依然是空头力量更胜一筹，看到这种情势笔者又加了些仓，成本均价大约在 56000 点，当日收盘的 k 线图上影线很大，笔者感觉加仓加对了。

图 19－6　沪铜月线下跌空间与实际参与区间

随后几天的利润都在扩大，尤其到了 4 月 1 日，当 3 处的那根 k 线跌破 3 月 18 日最低点后，笔者的持仓信心更满了。笔者怎么把愚人节忘了呢，随后五个交易日的连续反弹，把利润基本上吃没了。

迫于压力笔者在反弹途中把仓位减掉了一半，心想如果再推一根阳线上去，几十万元的利润成泡影不说，可能还要亏损本金，从交易资金管理和客户情绪上都说不过去。

刚减仓没两天，4 月 15 日周一又是一个 1000 多点的跳空缺口，根据经验，笔者觉得行情可能要加速下去，于是仓促间把原来减掉的仓位补回来，而且追加了空单。次日低开高走以阳线收盘，第三天行情就恢复下跌节奏。4 月 18 日竟然跌停板，短短几天账户就翻倍了。

跌停板后的第三天价格跌到 48460 低点，与预期 40000 点目标更近了，市场越跌，笔者对自己的判断越有信心。合理的行情预期与虚幻的行情预测仅仅是一线之隔，稍微多撒入一点点情绪的催化剂，预期就变成坚执的预测。

48460 点之后的三个交易日价格报复性上涨，累计上涨了 4000 多点，直接飙升到 52000 点整数关口之上，还顺手把之前跌停板的缺口填平了。

如图 19－5 中 a 所示，那天是“五一”长假前最后一个交易日，眼看着账户的大利润两三天就消失了一大半。

单纯从图形上看趋势依然存在，在 a 处的十字阴线没必要胆怯，既然是顺势而为，这个点又恰好符合顺势而为的三卖定式，思量至此笔者又加空赌了 10 手。当时还以为自己足够冷静，回头一看那是多么地鲁莽啊。

“五一”长假开始了，煎熬也开始了。连续几天晚上笔者和几个实习生在他们学校操场上散步，看着眼前朝气蓬勃的大学生们，笔者恍惚觉得自己还是一个未出校门的学生，怎么竟然和铜干上了。

假期很漫长，思想很单纯，除了想铜其他什么念头都没有。假期的煎熬终于结束了，5 月 2 日开盘就是一个 2500 多点的巨大跳空，如图 19－5 中 b 那根 k 线所示，账户的盈利失而复得，笔者一阵狂喜后更期待着行情能再创新低，继续向 40000 点的看跌目标迈进。

随后一根大阳线 c 的出现，当头浇了一盆冷水，但和次日反向跳空 2000 点 d 比起来，c 只是多头的开胃菜，d 那一大缸阴冷的水劈面泼过来，还夹杂着无数刺人心髓的冰针。接下来的四五个交易日，盘面明显坚挺多了，笔者在遗憾中结束了这次交易。

趋势交易容易对行情的预期过于乐观，重势不重价的粗糙入场点，加上使用重仓会造成巨大的持仓压力。远大的目标可能会漠视对手反攻的风险，如果行情本身的深度也不够，在掐头去尾后，再多的浮动盈利也是昙花一现。

后来笔者和老前辈谈起此次交易，感叹说如果当初在铜和橡胶两个品种上，不是选择做空铜而是做空橡胶，可能会有截然不同的结果，橡胶同期的行情流畅多啦。

这次交易给笔者留下了非常宝贵的精神财富，让笔者此后更加重视反思内心。有时候一根 k 线就把人心整垮了，哪能像缠论画笔时那样轻松，四五根 k 线能一笑而过吗?

20 静动交替，出中枢计

股民喜欢把炒股经验不加节制地引申，对着走势图按自己的喜好瞎接戏，这样就不知不觉地走向了预测的陷阱。从经验的杂多现象到理论的统一本质，跨越这一步的能力非常罕见。一旦跨越二者间的巨大鸿沟，洞察出市场走势演化背后的本质，从现象的多次呈现里抽象出某个共同的特征，就离构建一套交易模式不远了。

本讲重点1：交易定式之“出中枢计”

顺势而为或物极必反的交易思想，一般是站在“趋势”的角度而言的。若换成从中枢的角度看市场，所有的行情，不是正在中枢震荡区间里纠缠，就是奔跑在进入中枢或离开中枢的路上。

更抽象地说，行情走势的中枢为静，出中枢为动，动静之外，别无他态。离开中枢的一笔或一段次级别的走势类型，潜藏着巨大的利润空间，经常会走出一段最肥美的流畅行情，怎么能忽视它们呢?

可用突破法抓取这段行情，在寻找何以被突破时，只需要盯住某级别的中枢突破的临界点即可。此方法根本不必管当下究竟是盘整还是趋势行情，各种纠结的震荡区间，包括传统理论的三角形、旗形、矩形，或者干脆就是一堆不规则的块状结构，都可当作静态的“中枢”区域看待，化静为动的临界突破点，就是可动手的入场点。

我曾经看过电影《出埃及记》，信仰的力量令人震撼，受该电影的启发给缠论突破中枢的交易定式取一个名字——“出中枢计”。有计划筹谋，耐心等待从困境中突围的时机，以重获自由之意。

注意，缠论原文不主张用突破法入场，三类买卖点和差价定式都是回调伏击买入的。但市场走势的静动特征，又有突破法存在的实战价值。

“出中枢计”定式是突破法的一种，各种突破法的死敌就是假突破，必须能够严格而果断地止损。“出中枢计”交易定式的止损逻辑非常清晰，成也萧何败也萧何，临界一线之隔盈亏两别，真突破即留，假突破即走。

如图 20－1，中枢突破的临界点就是 ZG 或 ZD，有时 GG 或 DD 也可作为观察的临界点。什么是真突破？比如，连续 2 天能站在突破线之上，且价格上涨幅度超过 3% 就是真突破。反之是假突破，假突破则走。

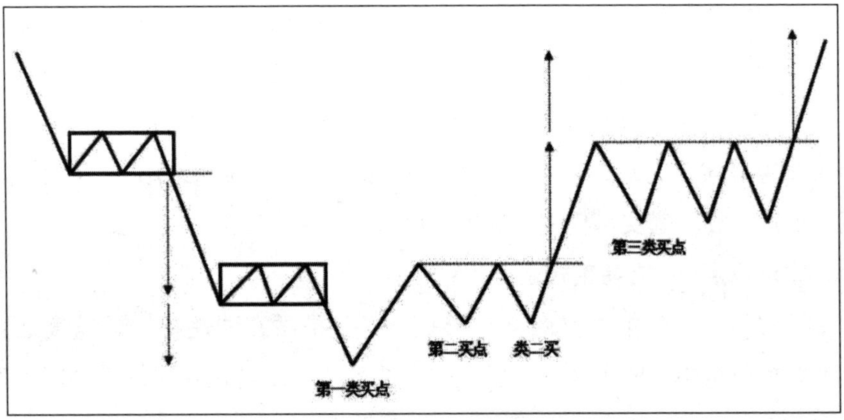

图 20－1 “出中枢计”交易定式图示

中枢突破的利润目标，既可以是突破中枢后的一笔或一个次级别走势，也可以持仓到本级别走势的背驰及第一卖点。如图 20－1 中的上下箭头所示。

和三类买卖点相比，中枢突破更适合用在市场强势状态下。在弱势市场环境里，突破法更容易遭遇假突破，在真突破之前人早就没耐心了，会跟丢一飞冲天的真突破。为了资金的安全起见，可以回调买入的交易定式为主，以“出中枢计”的突破定式为辅，或把它作为错过伏击后的补一刀使用。

可顺着大趋势的方向选择中枢突破的方向，顺势突破中枢上边界做多，顺势跌破中枢下边界做空。在期货市场的做空效果甚至更好些。因为下跌的行情更迅猛，入场之后很快就能看到效果，而且下跌行情对成交量很宽容，没有放量的配合也可完成中枢的跌破。

本讲重点2：“出中枢计”的交易案例

案例一：中国银河

有人觉得像缠论之类的技术最难学，老股民会告诉你最难搞定的是选股，战场的选择是技术分析的逻辑起点。两只走势相似的股票二选一，都可能会产生截然不同的盈亏结果，这里面有运气的成分。笔者喜欢长期关注几个固定的板块，比如证券板块就是其一，干脆来他个守株待兔。

笔者当时已经注意到证券板块的超跌，不少个股的价格跌到净资产之下，券商是非常活跃的板块，根本不用担心长期不动的问题，一轮行情启动之初券商股和银行股喜欢冲在前头。

中国银河从2017年9月18日高点16.80跌下来，形成一个两中枢的下跌走势，在2018年10月12日见底，最低点5.60元。以中枢背驰宣告下跌走势的终结并形成第一买点，如图20－2所示。

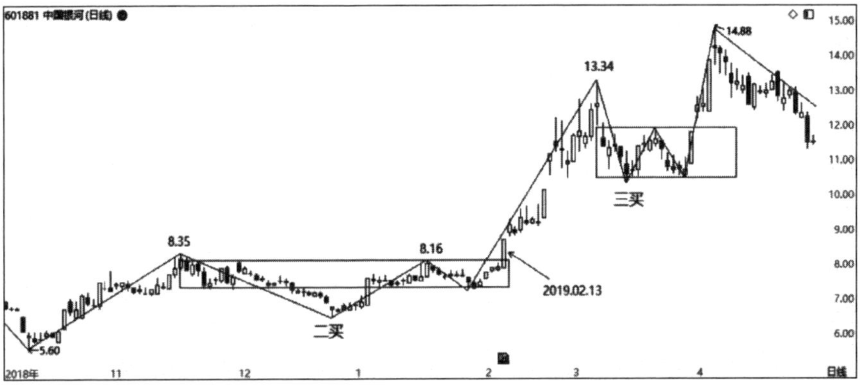

图20－2 中国银河的“出中枢计”定式

2019年2月12日，当天早盘表现出跃跃欲试的样子，最新价距离高点8.16近在咫尺，直觉上有一种“它要来了”感觉，脑子一热直接干进去准备赌行情突破。哪知午盘价格走弱，当日收盘时还被套了1个多点。

做中枢突破定式要随时保持两可性，当时已经准备好亏损了，以前面的底分型的最低点防守，破了就走，不破就拿着看一看。

次日“它真的来了”！上午10：40左右突然暴拉封涨停，强势突破左侧8.16和8.35两个压力位，成交量放大近3倍，还进了当天的龙虎榜，堪称教科书式的经典真突破。

后面三周进入所向披靡的上攻阶段，根据“横有多长，竖有多高”的经验测量方法，觉得价格起码能看到12元，真到了12元后，又觉得行情一直在10天均线之上，干吗自己吓自己？

市场的舆论氛围也渐渐乐观了，股评家说大盘肯定能到5000点之上。股民一乐观，行情就扭转。高点13.34出现后行情即进入中枢修整阶段，在忍受一个回撤后，笔者看到了三买信号，但是三买后上行一笔明显力度不行，没有立即创新高的能力。

3月22日是周五，内心已经不太想持仓过周末了，担心持仓过周末是做期货的后遗症。感觉后面高概率地进入中枢震荡阶段，本来的目标就是做中枢突破的短线，现在的盈利已经超预期，那就走吧。

5个交易日之后盘面再次涨停，开启了第三次猛烈的上攻节奏，但已和笔者无关了。笔者也觉得可惜，也有不快的念头闪现，但用“不是我的菜”一照，心情马上就平静了。要想职业做交易，必须练成瞬间修复情绪的功夫，否则自己能把自己给气死。

持币和持仓有极大的不同。进场之前是持币状态，不管行情多么地诱人，总可以等一个满意的时机入场。持仓不一样，一方面要承受亏损或浮盈压力，另一方面又想卖一个好价位。前者在心里喊“走吧，走吧，落袋为安吧！”后者却怂恿着股民“别走，别走，还有更高价！”搞得人心纠结极了。

刚入行两三年时，笔者当面请教一位有名的老前辈，问他离场该怎么把握。老江湖微微一笑，没有正面回答，说交易这事儿别急，慢慢来。

一晃十多年过去了，现在当有人问我该如何平仓时，我也只能说炒股玩期货要慢慢来，不能着急，也急不来，能赚钱就好，离场无完美。

炒股玩期货是一股赤裸裸的欲望，主观交易绝不是一套机械的交易规则，更不是冷冰冰的买卖信号，人不是机器，主观交易者玩的就是自己的情绪。

案例二：郑棉

2016 年 3 月棉花在 9990 点见底后上涨到 17000 左右，之后两年多都在盘整震荡区间里晃悠，后半年的波幅越来越窄，仅在 700～800 点的狭小价差里搞拉锯战。

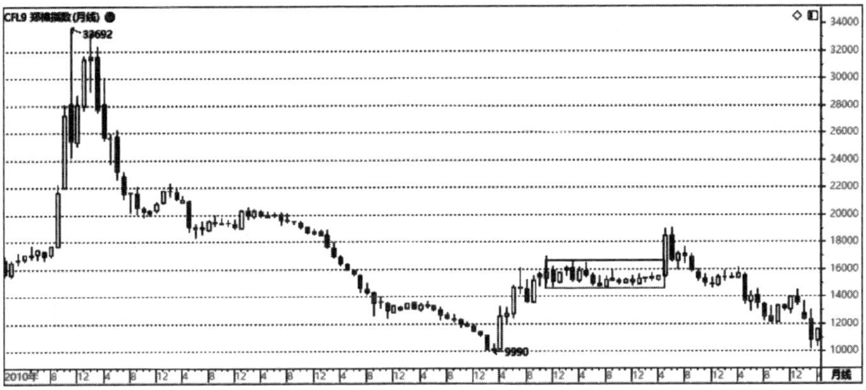

图 20－3　郑棉指数月线

静极必动！我们都感觉到棉花要出行情了，但试探了几次都无功而返，看来时机未熟。

2018 年“五一”假期里，笔者复盘棉花走势图时，看到假期前最后两个交易日棉花的日 k 线收成一阳一阴，似乎还要折返回中枢区间内。但 27 日高点距离最近的前高只差 100 多元，考虑到“五一”长假期间的变数很多，笔者想，要是假期后行情向上突破该怎么办？

行情返回中枢自然毫无新意，要是突破中枢就值得关注了。图 20－4 是郑棉指数日线图（因换月及软件回溯数据不足，且用指数图替代合约图）。

5 月 2 日开盘后不久，笔者看到棉花盘面开始骚动起来，当时的最新价与前面的 15665 和 15695 两个高点仅一步之遥，在突破关键价位还有几十个点时，笔者就提前买进了。

当天盘面收得并不理想，收一个带上影线的小阳线，因为波动幅度不大，这一点浮亏对资金几乎没啥影响，笔者就继续持仓不动。次日一根大阳线突破几个月来的中枢平台，成交量也比昨天放大一倍，笔者感觉它真的来了。

5 月 7 日那天，行情的确也突破了 16000 整数关口，但笔者预期的强势突破并没有出现。行情只超过 16000 整数位 50 个点，不过持仓已经浮盈，而且盘面依然很强，笔者把止损点上移到成本附近。

一直到 5 月 16 日，一根长阳线平地而起，果真强势突破 16000 关口，成交量增加了 2 倍，这时市场的舆论风口才聚焦在棉花上，随后几天棉花主力合约的成交量再次翻倍，竟然超过了 150 万手，持仓量也翻倍增加，大量资金涌进了棉花合约里。

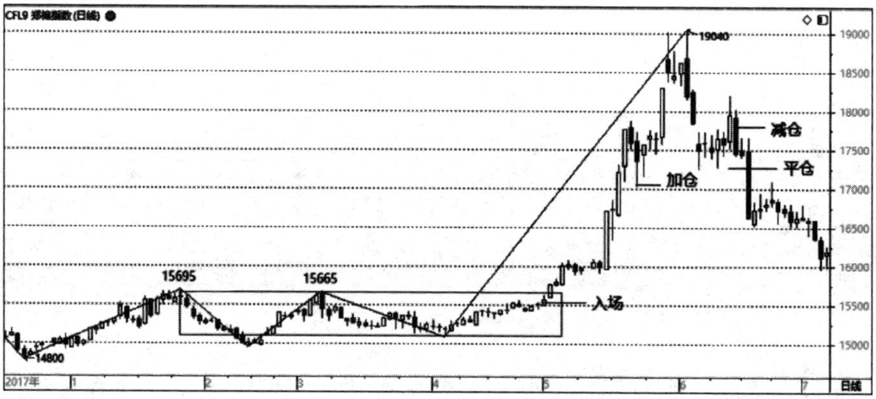

图 20 －4　郑棉指数日线的中枢突破定式

棉花暴涨的原因很快被疯传，铺天盖地的消息重复着大同小异的理由，说是新疆棉花主产区出现极端的暴风雨天气，美国的天气也极坏，分析师们火上浇油地说受天气的恶劣影响，印度棉花种植面积也要减少 8% ~10%，似乎一夜之间利多的消息之树就生长得粗壮环抱，漫山遍野。

看到棉花行情这么火爆，笔者心想，如果棉花又是一次历史性的大机会，现有的持仓量肯定不够大胆，就寻思着找个回调的机会加仓。自 2013 年后笔者就不怎么看分时图了，5 月 23 日那天，竟然鬼使神差地把分时图打开了，还依分时图加了多单，加仓价比当日最低点只高了 4 个价格跳动点。

行情很快就被拉升到 19000 之上，还没来得及品尝巨大盈利的滋味，接下来三天暴跌了近 2000 点。

因为还有不少利润垫着底，没有什么值得惊慌的，笔者只是把第二次加仓的头寸在 6 月 14 日大阴线那天减掉了。6 月 19 日笔者看到价格走势不对，在跌破 6 月 11 日 17270 最低点之前全部清仓走人。

中长线交易就是这样，掐头去尾后只能吃到中间的利润，理念决定行为。这次棉花交易之后，笔者觉得中长线的趋势交易所必需的大行情可遇不可求，不能作为常规的打法，必须把波段交易定式的地位提升上来。

在 19000 高点之后棉花一路熊跌不止，一直跌到现在有两年多时间了，前几天棉花主力 CF2005 合约还跌破 10000 点大关呢，最低点 9935 元/吨。

基本面消息总是喜欢凑热闹，利多消息要来都来，要走都走。笔者想到了徐志摩的著名诗句："悄悄的我走了，正如我悄悄的来。我挥一挥衣袖，不带走一片云彩。"

致 谢

与缠论有这样的缘分，让我始料不及。又写了一本关于缠论的书，更是事出偶然。

我第一次听说缠论是在2010年，一位做量化的老朋友对我说，他认为最好的入场点理论就是缠论的第一类买点，不过在当时并没有引起我的重视。2012年6月初，我碰到一个资深缠迷，这老兄一有空就托着一沓皱巴巴的纸叽里咕噜地念。有一次我凑近一看，纸上面写满了花花绿绿的手写批注，原来是缠论原文的打印稿。我很好奇缠论怎么有这么大魅力，让他如痴如醉，我借过来一翻看，怎么好多数学符号啊。

2012年下半年有段时间，有位营销团队长喜欢到我的办公室聊交易，他一直在学习缠论，在他的力荐下我也打印了一份《教你炒股票108课》。我开始断断续续地看缠论，对三类买卖点和市场完全分类的思想印象深刻。在实战交易中，我发现三类买卖点和传统技术是相通的。

真正促成我系统梳理缠论的人是三缘兄，我无意间看到他在研读缠论，三缘兄精进的态度让我很吃惊并心生敬意，能静心修学的期货人太罕见了。在随后多次交流中，我剖析了缠论原文让人迷惑的地方，对缠论精妙的思想非常赞叹。

三缘兄觉得我的解读正是众多学缠者所需要的，督促我尽快把研究体会付诸文字并出版成书，以让更多学缠者能读到它，哪怕对读者有一言一句的启发也是很有意义的。

我于是再次静心细品缠论，因为有多年的实战经验和交易的系统性思考，两天后写出了本书的章节纲要，三缘兄也提出了参考建议，再次感谢三缘兄的帮助和鼓励。

真正开始动手写本书的初稿是在2020年春节放假前夕，一场突如其来的疫情让我无法出门，超长的假期给我提供了一大段安静的时间。疫情期间，我感慨人生苦短、生命可贵，又觉得个人力量微薄，眼看着疫情肆虐也无力服务社会，心想如果能写出几句对缠论爱好者有帮助的话，也算我服务大家的一种方式，或许是心诚则灵，不到两个月时间本书的初稿就顺利完成了。

非常感谢中国经济出版社的相关工作人员，尤其是本书编辑孙晓霞女士，她为本书提供了宝贵的修改意见，对我的几次修改都给予了最大的支持。

感谢期货中国网创始人沈良先生，沈总在百忙之中为本书写了推荐序。

本书能够和读者们见面，也得益于身边的多位老师和广大网友的鼓励，此时我向师友们致以最诚挚的谢意。

雲　奎

2022 年 7 月 1 日